KÖNIGS ERLÄUTERUNGEN
Band 313

Textanalyse und Interpretation zu

Uwe Timm

DIE ENTDECKUNG DER CURRYWURST

Yomb May

Alle erforderlichen Infos für Abitur, Matura, Klausur und Referat
plus Musteraufgaben mit Lösungsansätzen

Bange Verlag

Zitierte Ausgabe:
Uwe Timm: *Die Entdeckung der Currywurst. Novelle.* Vom Autor neu durchgesehene Ausgabe 2000. München: dtv, 19. Aufl. 2014.

Über den Autor dieser Erläuterung:
Prof. Dr. Yomb May studierte Germanistik und Geschichte an der RWTH Aachen und an der Heinrich-Heine Universität Düsseldorf. 1998 Promotion, 2008 Habilitation. Lehrtätigkeit als außerplanmäßiger Professor für neuere deutsche Literaturwissenschaft an der Universität Bayreuth.

2. Auflage 2018
ISBN: 978-3-8044-2027-4
PDF: 978-3-8044-6027-0, EPUB: 978-3-8044-7027-9

Titelabbildung: Szene aus dem Film *Die Entdeckung der Currywurst*, Regie: Ulla Wagner, Deutschland 2008 © Tom Trambow
Druck und Weiterverarbeitung: Tiskárna Akcent, Vimperk

1. DAS WICHTIGSTE AUF EINEN BLICK – SCHNELLÜBERSICHT

Damit sich jeder Leser in unserem Band rasch zurechtfindet und das für ihn Interessante gleich entdeckt, hier eine Übersicht.

Im zweiten Kapitel beschreiben wir **Uwe Timms Leben** und stellen den **zeitgeschichtlichen Hintergrund** dar:

⇨ S. 11 ff.
→ Uwe Timm ist 1940 in **Hamburg** geboren, er führte meist ein unstetes Leben.

⇨ S. 16 ff.
→ Die unmittelbare Nachkriegszeit ist geprägt durch Zerstörungen, Angst, Orientierungslosigkeit, aber auch durch Menschlichkeit und Liebe.

⇨ S. 20 ff.
→ *Die Entdeckung der Currywurst* (1993) gehört zu Timms erfolgreichsten Werken. Die Novelle behandelt zahlreiche Themen und Motive, die auch in anderen Werken Timms vorkommen.

Im dritten Kapitel bieten wir eine **Textanalyse und -interpretation**:

Die Entdeckung der Currywurst – Entstehung und Quellen:

⇨ S. 26 f.
Die Idee zur Novelle *Die Entdeckung der Currywurst* taucht bereits in Uwe Timms 1991 erschienenem Roman *Kopfjäger* auf. Von der Arbeit an der Novelle spricht er jedoch erst in seinen Paderborner Poetik-Vorlesungen im Wintersemester 1992/93. 1993 erscheint *Die Entdeckung der Currywurst*.

Inhalt:

⇨ S. 28 ff.
Der in München lebende Ich-Erzähler will beweisen, dass in Hamburg, der Stadt seiner Kindheit, die Currywurst erfunden worden ist. Zu diesem Zweck besucht er in einem Altenheim in Hamburg-

Harburg Frau Brücker, die ehemalige Besitzerin einer Imbissbude in Hamburg Großneumarkt. Ausführlich schildert sie ihm die letzten Kriegstage im April 1945 und die prägenden Erlebnisse in ihrem Leben: Bei einem Kinobesuch lernt die damals 43-Jährige den 24 Jahre alten Bootsmann Hermann Bremer kennen. Nachdem ihr Kinobesuch durch einen Luftalarm gestört worden ist, suchen beide in einem Luftschutzbunker Schutz. Nach der Entwarnung nimmt Lena Brücker den Soldaten zu sich nach Hause. Sie geht mit ihm eine intime Beziehung ein. Bremer versteckt sich fortan als Fahnenflüchtiger in ihrer Wohnung. Lena Brücker ist verheiratet, lebt aber allein: Der Mann ist an der Ostfront und hat sich seit Jahren nicht mehr gemeldet. Auch Bremer ist verheiratet und gerade Vater geworden, was er aber Lena Brücker verschweigt. Als Bremer vom Fenster aus den Einmarsch der Engländer beobachtet, verfällt er dem Traum von einer Koalition der Deutschen und Engländer gegen die Russen – eine Fantasie, die Lena Brücker mit Lügen aufrecht erhält, weil sie ihren jungen Liebhaber noch nicht heim zu Frau und Kind lassen will. Als Bremer endlich erfährt, dass der Krieg vorbei ist, verlässt er sie. Nach der Trennung von ihrem aus dem Krieg heimgekehrten Mann Willi (Gary) Brücker, stellt sich Lena Brücker der Herausforderung einer alleinerziehenden Mutter und entdeckt durch Zufall das Rezept für die Currywurst.

Chronologie und Schauplätze:

Timms Novelle spielt auf zwei zwei Zeitebenen: Die Gegenwartsebene des Ich-Erzählers (Besuch bei Frau Brücker im Altersheim = Rahmenhandlung) spielt etwa 1988/89, die Vergangenheitsebene (Beziehung zwischen Lena Brücker und Hermann Bremer, die am Ende zur Entdeckung der Currywurst führt = Binnenhandlung) beginnt am 29. April 1945 und endet etwa ein Jahr später. Der Schauplatz beider Zeit-Ebenen ist Hamburg.

Aufbau:

➪ S. 42 ff.

Die Novelle umfasst sieben Kapitel. Die Rahmenhandlung handelt vom Besuch des Ich-Erzählers bei der betagten Frau Brücker im Altersheim, die Binnenhandlung von der Liebesgeschichte zwischen Lena Brücker und Hermann Bremer im April/Mai 1945.

Personen:

Die wichtigsten Personen der Novelle sind:

➪ S. 65 ff.

Der **Ich-Erzähler**

→ weist Ähnlichkeiten mit dem Autor auf,
→ hat seine Kindheit in Hamburg verbracht,
→ will herausfinden, ob Frau Brücker die Entdeckerin der Currywurst ist,
→ lässt sich von Frau Brücker in einem Altersheim erzählen, wie es kurz nach dem Krieg zur Entdeckung der Currywurst gekommen ist.

➪ S. 67 ff.

Lena Brücker

→ zur Zeit der Binnenhandlung 43 Jahre alt,
→ in der NS-Zeit verheiratet mit Willi Brücker, lebt aber kurz vor Kriegsende allein,
→ leitet in der NS-Zeit zusammen mit Holzinger eine Kantine,
→ leistet subtilen Widerstand gegen das NS-Regime,
→ versteckt einen jungen Soldaten, der ihr Liebhaber wird,
→ ist in Timms Roman die Entdeckerin der Currywurst.

Hermann Bremer ⇨ S. 73 ff.

→ Bootsmann, bei Kriegsende 24 Jahre alt,
→ wird der Liebhaber von Lena Brücker,
→ begeht Fahnenflucht
→ verlässt Lena Brücker kurz nach der Kapitulation.

Willi (Gary) Brücker ⇨ S. 78 f.

→ verschwundener Ehemann von Lena Brücker,
→ früherer Barkassenführer,
→ Frauenheld und Schmuggler,
→ kehrt nach Kriegsende zurück zu seiner Frau, wird aber von ihr vor die Tür gesetzt.

Holzinger ⇨ S. 79 ff.

→ früherer Saucenkoch aus Österreich,
→ leitet zusammen mit Lena Brücker eine Kantine,
→ sabotiert das Essen der NS-Parteifunktionäre.

Lammers ⇨ S. 81 ff.

→ Einzelgänger,
→ gefürchteter Blockwart,
→ schikaniert seine Nachbarn und schüchtert sie ein,
→ erhängt sich kurz nach der deutschen Kapitulation.

Stil und Sprache:

⇨ S. 98 ff.

Timms Novelle zeichnet sich in sprachlicher und stilistischer Hinsicht durch folgende Merkmale aus:

→ einfache Sprache mit zahlreichen umgangssprachlichen Ausdrücken und Dialekt,
→ einfacher, parataktischer Satzbau,
→ novellistische Erzähltechniken,
→ unterschiedliche Erzählebenen und Erzählperspektiven,
→ Bezüge zur historischen Realität und zu biografischen Details des Verfassers.

Interpretationsansätze:

⇨ S. 100 ff.

Die Novelle *Die Entdeckung der Currywurst* bietet sich für verschiedene Lesarten und Interpretationsansätze an. Sie kann z. B. gelesen werden als

→ Antikriegs-Novelle,
→ Novelle über novellistisches Erzählen.

2. UWE TIMM: LEBEN UND WERK

2.1 Biografie

JAHR	ORT	EREIGNIS	ALTER
1940	Hamburg	Uwe Hans Heinz Timm wird am 30. März als jüngstes Kind des Kürschners Hans Timm und seiner Frau Anna geboren.	
1943	Ukraine	Tod des Bruders Karl-Heinz, Mitglied der SS.	3
1945–57	Hamburg	Nach der Volksschule absolviert Timm die Ausbildung zum Kürschner.	5–17
1958–61	Hamburg	Nach dem Tod des Vaters am 1. 9. 1958 übernimmt Timm die marode väterliche Kürschnerei und saniert sie.	18–21
1961–63	Braunschweig	Timm besucht das Braunschweig-Kolleg und macht dort das Abitur. Freundschaft mit Benno Ohnesorg.	21–23
1963–66	München	Beziehung mit Jutta Kosjek. Timm studiert Philosophie und Germanistik.	23–26
1964	München	Geburt der Tochter Katharina.	24
1966/67	Paris	Stipendiat an der Sorbonne.	26/27
1967	Paris München Hamburg	Timm publiziert Gedichte. Rückkehr nach München. Timm verfasst politische Gedichte und unterstützt die Studentenbewegung.	27
1969		Timm heiratet die Übersetzerin Dagmar Ploetz.	29

Uwe Timm (geb. 1940) © ullstein bild – Teutopress

JAHR	ORT	EREIGNIS	ALTER
1970	München	Studium der Volkswirtschaftslehre und Soziologie (Abbruch). Timm gründet das Münchner Theaterkollektiv.	30
1971	München	Timm promoviert zum Dr. phil. mit einer Arbeit über *Das Problem der Absurdität bei Albert Camus*. Er wird freiberuflicher Schriftsteller.	31
1972	München	Timm veröffentlicht Hörspiele und Gedichte. Mitherausgeber von „AutorenEdition".	32
1973	München	Timm tritt der DKP (Deutsche Kommunistische Partei) bei und reist in die DDR.	33
1974		Timms Debüt-Roman *Heißer Sommer* erscheint.	34
1975		Geburt des Sohnes Tobias.	35
1976	Namibia/ Afrika	Recherchereise für den Roman *Morenga*.	36
1977		Geburt von Tochter Bettina.	37
1978		Publikation von *Morenga*.	38
1980		Roman *Kerbels Flucht*.	40
1981–83	Rom	Austritt aus der DKP. Geburt der Tochter Johanna (1982).	41–43
1983	Herrsching am Ammersee	Timm kehrt nach Deutschland zurück.	43
1986–89	Herrsching am Ammersee	Publikation von *Der Schlagenbaum*, Drehbuch zu *Der Flieger*, *Rennschwein Rudi Rüssel* (1989).	46–49
1990		Deutscher Jugendliteraturpreis.	50

JAHR	ORT	EREIGNIS	ALTER
1991	Paderborn Berlin	Poetik-Vorlesungen. Der Roman *Kopfjäger. Bericht aus dem Innern des Landes* erscheint. Umzug nach Berlin-Friedenau	51
1992/93	München	Rückkehr nach München. Die Poetikvorlesungen erscheinen unter dem Titel *Erzählen und kein Ende. Versuche zu einer Ästhetik des Alltags*. **Die Novelle *Die Entdeckung der Currywurst* erscheint.**	52/53
1996		Publikation des Romans *Johannisnacht*.	56
1997	St. Louis, Missouri (USA)	„Writer in Residence" an der Washington University.	57
1999	Berlin	Publikation des Erzählbandes *Nicht morgen, nicht gestern!* Drehbuch zu *Die Bubi Scholz Story*.	59
2000		Drehbuch zu dem Kinofilm *Eine Hand voll Gras*.	
2001	München	Publikation des Romans *Rot*.	61
2002	Bergen-Enkheim	Stadtschreiber.	62
2003		*Am Beispiel meines Bruders* erscheint.	63
2004	Leeds/Großbritannien	Symposium „In Perspective: Uwe Timm".	64
2005	Bamberg	Poetik-Vorlesungen. Publikation der Erzählung *Der Freund und der Fremde*.	65
2006	Rom	Ehrengast in der Villa Massimo[1].	66

1 Bedeutende Kultureinrichtung der Bundesrepublik Deutschland mit Sitz in Rom.

JAHR	ORT	EREIGNIS	ALTER
2008		Publikation des Romans *Halbschatten*.	68
2009	Frankfurt Lüneburg Köln	Poetik-Vorlesungen. Erste Heinrich-Heine-Dozentur. Heinrich-Böll-Preis.	69
2011		Publikation der Novelle *Freitisch*.	71
2012		Carl-Zuckmayer-Medaille.	72
2013		Publikation des Romans *Vogelweide*.	73
2015	Herrsching am Ammersee	Publikation von *Montaignes Turm* (Essayband).	75

2.2 Zeitgeschichtlicher Hintergrund

ZUSAMMENFASSUNG

Timms Novelle *Die Entdeckung der Currywurst* besteht aus einer Rahmenerzählung und einer Binnenerzählung. Beide sind eng miteinander verwoben. Folgende Aspekte sind für das Verständnis des zeitgeschichtlichen Hintergrunds der Novelle wichtig:

→ die Endphase des Zweiten Weltkrieges,
→ der Zusammenbruch des „Dritten Reichs“ und die Kapitulation,
→ das Kriegsende in Hamburg,
→ der Schwarzmarkt.

Uwe Timm lässt die Binnenhandlung seiner Novelle in der Zeit spielen, die seine eigene Kindheit geprägt hat: die **Zeit von Kriegsende und unmittelbarer Nachkriegszeit** in dem vom Luftkrieg besonders betroffenen Hamburg.

Die Endphase des Zweiten Weltkrieges

Totale Niederlage oder „Endsieg“?

Spätestens im April 1945 war klar, dass sich der Zweite Weltkrieg seinem Ende zuneigte: Die sowjetischen Einheiten kämpften schon in den Vororten von Berlin, die Briten standen vor Hamburg, die Amerikaner hatten bereits Magdeburg und Nürnberg erobert. Von Tag zu Tag wurde die Lage für Hitler und sein Regime aussichtsloser und die totale Niederlage unausweichlicher. Dennoch gab Hitler in Absprache mit der nationalsozialistischen Generalität weiterhin fatale **Durchhalte- und Kampfparolen** aus. Man ließ die Bevölkerung im Glauben, dass sich das Blatt noch wenden ließ. Viele Anhänger Hitlers glaubten noch immer an den „Endsieg“.

Hitlers Suizid

Wann auch Hitler erkannte, dass der Krieg verloren war, lässt sich nicht genau bestimmen; feststeht jedoch, dass für ihn eine Kapitulation undenkbar war. Am 30. April 1945 zog er die Konsequenzen und beging Selbstmord.

Hinrichtung von Deserteuren und „Defätisten"

Doch selbst nach seinem Tod verweigerte sich sein enger Gefolgsmann und Nachfolger Großadmiral Dönitz (1891–1980) der Realität und gab weiterhin Durchhaltebefehle. Fahnenflüchtige wurden bis wenige Tage vor der bedingungslosen Kapitulation erschossen. Die Angst und das Misstrauen waren sowohl in der Armee als auch in der Bevölkerung groß. Wer als Defätist (Schwarzseher) denunziert wurde, bekam die ganze Härte des Regimes zu spüren und wurde häufig hingerichtet.

Zusammenbruch und Kapitulation

In der Endphase des Krieges bombardierten die Alliierten die meisten deutschen Großstädte nahezu pausenlos. Tod und Zerstörung überzogen das Land; die Nazis ließen die Wehrmacht im Kampf gegen einen übermächtigen Gegner verbluten: Allein zwischen Juni 1944 und Mai 1945 kamen mehr als 2,7 Millionen deutsche Soldaten ums Leben. Das „Dritte Reich" brach zusammen. Am 8. Mai 1945 folgte das Unvermeidbare: die bedingungslose Kapitulation.

Kriegsende in Hamburg

Zerstörungen durch Bombenangriffe

Hamburg gehörte zu jenen deutschen Großstädten, die durch die alliierten Bombenangriffe besonders massive Zerstörungen erleiden mussten. Bis 1945 lag die Hansestadt zu 50 % in Schutt und Asche und glich über weite Teile einem wüsten Feld. Ende 1943 fanden die schlimmsten Bombardements statt. Sie verursachten den sogenannten **„Feuersturm"**, eine verheerende Feuersbrunst, der große Teile der Stadt zum Opfer fielen. Ende April 1945 war der Krieg an der Elbe zu Ende:

„Die Bomben am 29. April, einem Sonntag, waren die letzten, die auf Hamburg fielen. Britische Truppen hatten bereits am Morgen die Elbe bei Artlenburg überquert; zwar Tage zuvor war Bremen nach schweren Kämpfen gefallen. Aber schon seit dem 20. April wurden dic Hamburger Außenbezirke gelegentlich von britischer Artillerie beschossen. Seit diesem Tag hatte in Hamburg Generalmajor Alwin Wolz als Kampfkommandant den Oberbefehl. Die Stadt galt als ‚Festung', verteidigt von 20 000 regulären Soldaten (Wehrmacht, Marine und Waffen-SS) und 12 000 Männern des Volkssturms. Wolz, dessen Befehlstand sich im Bunker an der Rothenbaumchaussee befand, war indes entschlossen, Hamburg nicht mehr sinnlos zu opfern.

Durch vorsichtiges Taktieren gelang es Wolz, der jederzeit allein schon wegen vermuteter Kapitulationsbereitschaft hätte verhaftet werden können, Hamburg das Schicksal Bremens zu ersparen, zumal auch Reichsstatthalter Kaufmann eingesehen hatte, dass jeder weitere Widerstand aussichtslos sein würde. Am 3. Mai 1945 kapitulierte Hamburg; um 18 Uhr besetzte die 7. britische Panzerdivision die Stadt. Die offizielle Übergabe an den britischen Brigadegeneral Spurling fand im Bürgermeistersaal des Rathauses statt. / Am 4. Mai wurde Reichsstatthalter Kaufmann verhaftet, am 9. Mai Bürgermeister Krogmann und am 11. Mai die führenden Mitglieder der NSDAP in Hamburg."[2]

Kampflose Übergabe

Die kampflose Übergabe der Großstadt Hamburg stellte eine späte Einsicht dar. Aber die Erkenntnis, dass die Verteidigung Hamburgs aussichtslos war, ersparte der Stadt das Schicksal Berlins und anderer deutscher Großstädte – immerhin.

---

2 Kleßmann, S. 585 ff.

Ungewisse Zukunft zur „Stunde Null"

Doch die alte Ordnung war nicht mehr vorhanden, eine neue noch nicht etabliert. Die Menschen hatten alles im Krieg verloren. Sie kämpften in den Trümmern ums **nackte Überleben**. Auf die Menschen, die den Krieg überlebt hatten, warteten eine ungewisse Zukunft und große persönliche, aber auch gesellschaftliche und politische Herausforderungen.

Der Schwarzmarkt

Entstehung einer Tauschwirtschaft

Zu den Folgen des Krieges gehörte auch die Entstehung von Schwarzmärkten. Unmittelbar nach Kriegsende im Mai 1945 war die Versorgungslage der deutschen Bevölkerung äußert angespannt. Geld war relativ wertlos geworden, und dass man seine Lebensmittelkarten tatsächlich einlösen konnte, war höchst ungewiss. Waren wurden daher immer mehr direkt getauscht, und es kam zur Ausbildung eines üppig blühenden Schwarzmarktes. Die Menschen sahen sich zu ihrer Versorgung zunehmend auf Schwarzhändler und Schieber angewiesen. Zum wichtigsten Zahlungsmittel wurden in dieser Zeit Zigaretten, insbesondere die so genannten **„Ami-Zigaretten"** (Stichwort: Zigarettenwährung). Wer sie besaß, konnte auf dem Schwarzmarkt nahezu alles bekommen: Butter, Brot und andere Lebensmittel. Deutschland fiel somit immer mehr in eine **Naturalienwirtschaft** zurück, denn man konnte Waren nur noch gegen Waren tauschen (**Tauschhandel**). In den Großstädten besonders im Westen waren organisierte Tauschmärkte nahezu ununterbrochen geschäftig. Viele Arbeiter waren nur drei Tage in den Fabriken tätig. An den übrigen Tagen tauschten sie ihren Lohn, der teilweise auch aus Waren bestand, gegen Lebensmittel und weitere Artikel des täglichen Bedarfs ein. Viele Menschen beteiligten sich an dieser irregulären Handelsform, um überleben zu können. Erst nach der Währungsreform 1949 normalisierte sich auch die all-

Zigaretten als neue Währung

Überlebenswille in Umbruchszeiten

Schwarzmarkt und Tauschhandel in Deutschland nach 1945 © ullstein bild – ullstein bild

gemeine Versorgungssituation allmählich, und der Schwarzmarkt verschwand.

Timms Novelle reflektiert diese Umbruchszeit in besonderer Weise, indem sie nicht nur die Angst der Menschen vor der ungewissen Zukunft, sondern auch ihren Überlebenswillen thematisiert. Der Novelle liegt die ontologische Einsicht zugrunde, „(d)ass es auch in dunklen Zeiten helle Augenblicke gibt und dass die umso heller scheinen, je dunkler die Zeiten sind." (S. 144)

2.3 Angaben und Erläuterungen zu wesentlichen Werken

ZUSAMMENFASSUNG

Uwe Timm zählt zu den bedeutendsten deutschsprachigen Gegenwartsautoren. Er ist vor allem als Romancier und Jugendbuchautor bekannt. Seine wichtigsten Erzählwerke sind:

- → *Heißer Sommer* (1974, Roman)
- → *Morenga* (1978, Roman)
- → *Kerbels Flucht* (1980, Roman)
- → *Der Schlangenbaum* (1986, Roman)
- → *Vogel, friß die Feige nicht. Römische Aufzeichnungen* (1989, Roman)
- → *Kopfjäger. Bericht aus dem Inneren des Landes* (1991, Roman)
- → *Die Entdeckung der Currywurst* (1993, Novelle)
- → *Johannisnacht* (1996, Roman)
- → *Rot* (2001, Roman)
- → *Am Beispiel meines Bruders* (2003, Roman)
- → *Halbschatten* (2008, Roman)

Timm behandelt gesellschaftlich relevante Themen. Seine Werke weisen oft autobiografische Züge auf.

Beginn als Lyriker

Uwe Timm trat erstmals 1971 mit dem Lyrikband *Widersprüche* an die literarische Öffentlichkeit. Sein ansehnliches Œuvre, das seinen Ruhm als einen der bedeutendsten deutschsprachigen Autoren der Gegenwart begründet, besteht jedoch vorwiegend aus erfolgreichen Romanen, Erzählungen und Jugendbüchern. Außerdem gibt es mehrere poetologische Werke von Timm: den Band *Erzählen und kein Ende. Versuche zu einer Ästhetik des Alltags* (1993) mit ersten

Poetikvorlesungen, die unter dem Titel *Von Anfang und Ende* 2009 erschienenen Frankfurter Poetikvorlesungen sowie den Essayband *Montaignes Turm* (2015).

Im Folgenden werden **die wichtigsten Prosawerke** Timms vorgestellt:

1. *Heißer Sommer* (1974)

Studentenunruhen von 1967/68

Im Mittelpunkt von Timms Erstlingsroman stehen die Studentenunruhen in der Bundesrepublik der Jahre 1967/68. Geschildert und reflektiert werden die politisch-gesellschaftlichen Verhältnisse dieser Zeit durch den Protagonisten Ullrich Krause, der ein genaues Bild der damaligen Zeit entstehen lässt. Der Roman spricht sich für die Fähigkeit des Individuums aus, aus der persönlichen Enttäuschung heraus ein neues Lebenskonzept zu entwickeln.

2. *Morenga* (1978)

Deutsche Kolonialpolitik

In Timms zweitem Roman geht es um den ersten schwarzafrikanischen Befreiungskampf unter Jakob Morenga, dem „schwarzen Napoleon" (1875–1907). Mithilfe von Dokumenten der kaiserlichen Kolonialbehörden gelingt Timm in *Morenga* die erste literarische Abrechnung mit der deutschen Kolonialpolitik während der wilhelminischen Ära (Niederschlagung des Herero-Aufstandes 1904).

3. *Kerbels Flucht* (1980)

Vom Engagement zu desillusionierter Larmoyanz

Der Roman erzählt die Geschichte des Münchner Germanistikstudenten und Taxifahrers Christian Kerbel, der erst die Welt verbessern wollte, dann aber an der Gesellschaft zerbricht und in „lustlose Larmoyance" verfällt. Zwar greift Timm hier das Thema der Neuorientierung durch Desillusionierung auf, unterläuft es aber gleichzeitig dadurch, dass er den Protagonisten scheitern lässt.

Lebensflucht in die Fremde

4. *Der Schlangenbaum* (1986)
Der 40-jährige deutsche Bauingenieur Friedrich Leopold Wagner reist nach Südamerika, um ein verfahrenes Bauprojekt wieder in Gang zu bringen. Die Vorzeichen sind aber bedrohlich: Einer von Wagners Vorgängern ist von der Guerilla entführt worden, und ein zweiter hat einen Nervenzusammenbruch erlitten. Erst im Laufe der Geschichte wird Wagner klar, weshalb er diesen Wahnsinnsjob angenommen hat: Er steckt seit Jahren in einer Ehe- und Lebenskrise. Sein plötzlicher Aufbruch nach Südamerika stellt daher eine Flucht dar. Er sucht nach einem neuen Lebenssinn. Eine Beziehung mit einer deutlich jüngeren Spanischlehrerin scheitert an den politischen Verhältnissen. Auch praktische Probleme vor Ort erschweren die Durchführung des Projektes. Als Wagner dann auch noch die ihm fremde Kultur und ihre ungeschriebenen Gesetze falsch einschätzt, droht ihm am Ende der Untergang.

Bestandsaufnahme der westdeutschen 1980er Jahre

5. *Kopfjäger* (1991)
Im Mittelpunkt dieses Romans steht der Bericht eines verurteilten Wirtschaftskriminellen, der Sehnsucht nach den Osterinseln hat. Zusammen mit seinem aus der DDR stammenden Komplizen lässt er 23 Mrd. DM auf sein Konto buchen.

Das wiedervereinigte Deutschland

6. *Johannisnacht* (1996)
Dieser Roman bildet den ersten Teil von Timms *Berliner Trilogie*, zu der auch die Romane *Rot* (2001) und *Halbschatten* (2008) zählen. Geschildert wird das Berlin des Jahres 1995, das unter dem Eindruck der Reichstagverhüllung durch das Künstlerpaar Christo und Jeanne-Claude steht. Der Ich-Erzähler, ein Romanautor, der mit dem Verfassen eines Artikels über die Kartoffel seine kreative Tiefphase zu überwinden versucht, hofft einen nun arbeitslosen Kartoffelexperten zu finden, der in Berlin ein Kartoffel-Archiv hinterlassen hat.

Bei der Suche nach diesem Archiv, das schließlich gefunden wird, erlebt der Ich-Erzähler verschiedene Abenteuer, die ihm die Animositäten zwischen West- und Ostdeutschen vor Augen führen.

7. *Rot* (2001)

Auseinandersetzung mit linksaktivistischer Jugend

In *Rot*, dem zweiten Teil der *Berliner Trilogie*, steht das Scheitern des sozialistischen Gesellschaftsmodells im Mittelpunkt. Der Protagonist, Thomas Linde, ein ehemaliger Aktivist in der Studentenbewegung, verdient sich nun seinen Lebensunterhalt als Beerdigungsredner und Jazzkritiker. Nach dem Tod seines früheren Genossen Aschenberger erhält er den Auftrag, eine Grabrede zu halten. Bei der Beschäftigung mit dem Leben Aschenbergers entdeckt Linde Notizen und Sprengstoff. Die Entdeckung lässt darauf schließen, dass Aschenberger die Siegessäule in die Luft sprengen wollte. Linde wird nun der Kontrast zwischen seinem ehemaligen Genossen und ihm selbst klar: Aschenberger war radikal kompromisslos und er, Linde, hat sich angepasst.

8. *Am Beispiel meines Bruders* (2003)

Leben und Handeln in der NS-Zeit

In diesem autobiografischen Roman setzt sich Uwe Timm mit seinem 1943 während des Russlandfeldzuges gefallenen älteren Bruder Karl-Heinz auseinander, aber auch mit dem Verhalten seiner Eltern in der NS- und Nachkriegszeit. Der Roman rekonstruiert anhand von Karl-Heinz' Tagebuchaufzeichnungen Stationen seines Soldatenlebens wie die Erschießung russischer Soldaten („ein gefundenes Fressen für mein MG"). Der 16 Jahre ältere Bruder, der bei der Waffen-SS war, starb in der Ukraine, nachdem er kurz zuvor beide Beine verloren hatte.

Epochenbild am Beispiel einer vergessenen deutschen Pilotin

9. *Halbschatten* (2008)

Im letzten Teil der *Berliner Trilogie* lenkt Uwe Timm den Blick zurück in die deutsche Geschichte unmittelbar vor der NS-Zeit und dem Zweiten Weltkrieg. Der Ich-Erzähler, der anonym bleibt, besucht in den 1990er Jahren den Invalidenfriedhof in Berlin. Dort trifft er einen Stadtführer, mit dem er sich über die Pilotin Marga von Etzdorf[3] unterhält. Nach einer Liebesnacht mit einem deutschen Diplomaten erschoss sich die Pilotin im Mai 1933 im syrischen Aleppo. Die Stimmen der Toten, die auf dem Friedhof liegen, gewähren dem Leser Einblick sowohl in ihre persönliche als auch in die deutsche Geschichte.[4]

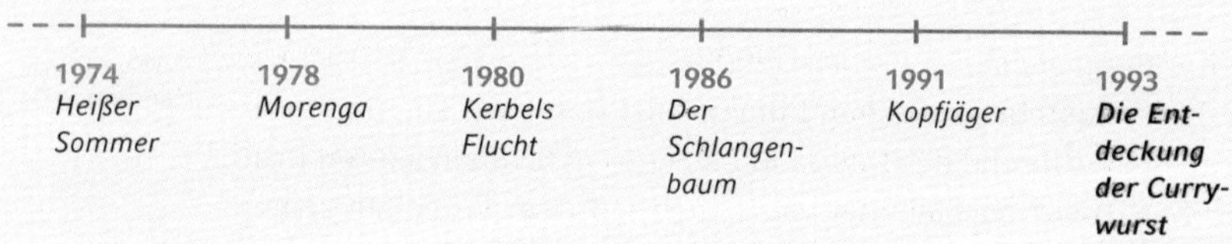

---

3 Margarete Wolff, gen. von Etzdorf (1907–1933), war eine deutsche Pilotin. Sie absolvierte als erste Frau im August 1931 einen Alleinflug von Deutschland nach Japan.

4 Näheres zu diesem Roman in: Sabine Hasenbach: *Uwe Timm. Halbschatten.* Königs Erläuterungen, Bd. 305. Hollfeld: C. Bange Verlag, 2015.

Gesellschaftliche und politische Fragen

Versucht man das bisherige literarische Schaffen Uwe Timms zu resümieren, so muss bei allen erzähltechnischen Nuancen in den einzelnen Werken ein konstantes Interesse dieses Autors an gesellschaftlichen und politischen Fragestellungen festgestellt werden. Auch wenn es Timm nicht darum geht, eine radikale Veränderung der bestehenden gesellschaftlichen Verhältnisse anzustoßen, so sind seine wichtigsten Werke doch geprägt von einem „kritischen, subversiven Erzählen (...), das sich mit dem Lauf der Dinge nicht einverstanden erklärt.“[5] Timms Erzählen zielt nicht auf die historische Authentizität, sondern darauf, die Leser für verschiedene Ausdrucksformen der gesellschaftlichen Realität zu sensibilisieren: „Sie merken, mich interessiert nicht der Wahrheitsgehalt nach dem Modell: richtig oder falsch, sondern mich interessiert die darin verborgene geschichtlich-gesellschaftliche Wahrheit.“[6] Das gelingt nur, wenn man die Wirklichkeit umzubauen versteht. Uwe Timm ist darin ein Virtuose.

1993	2001	2003	2008	2009	2015
Erzählen und kein Ende (Paderborner Poetikvorlesungen)	*Rot*	*Am Beispiel meines Bruders*	*Halbschatten*	*Von Anfang und Ende* (Frankfurter Poetikvorlesungen)	*Montaignes Turm* (Essays)

5 Timm, *Erzählen und kein Ende*, S. 110.
6 Ebd., S. 142.

3. TEXTANALYSE UND -INTERPRETATION

3.1 Entstehung und Quellen

ZUSAMMEN-FASSUNG

1991 Erste Andeutungen zum *Currywurst*-Plot im Roman *Kopfjäger*

1992/93 Ankündigung der Novelle in den Paderborner Poetik-Vorlesungen

1993 Die Novelle *Die Entdeckung der Currywurst* erscheint im Verlag Kiepenheuer & Witsch.

2000 Die Taschenbuchausgabe erscheint im Deutschen Taschenbuch Verlag (DTV) in München.

Poetik-Vorlesungen in Paderborn 1992/93

Über die Entstehung der Novelle *Die Entdeckung der Currywurst* gibt es **zwei aufschlussreiche Hinweise**: Im Wintersemester 1992/93 hielt Uwe Timm an der Universität Paderborn seine ersten Poetik-Vorlesungen. Dabei erläuterte er seine Auffassung von Literatur und sein Selbstverständnis als Autor, verriet den Studierenden aber auch sein damals aktuelles Buchprojekt:

„Wann und wo ist die Currywurst entstanden?"

„Wann und wo ist die Currywurst entstanden? Und wer hat sie erfunden? Haben mehrere an diesem Rezept gearbeitet? Oder gibt es einen Entdecker der Currywurst? Mich beschäftigen diese Fragen schon seit Jahren. Jetzt schreibe ich eine Novelle darüber. Die Entdeckung der Currywurst. Etwas verrät uns der Name, das Kompositum. Der Curry, der über England aus Indien kommt, und die Wurst, bekanntlich eine deutsche Spezialität. Tatsächlich ist die Currywurst, die nach 1945 in Deutschland auftauchte, ein Beispiel für Akkulturation, wie die Ethnologen sagen würden.

> Ich behaupte zu wissen, wie es zu dem Rezept der Currywurst kam, übrigens nicht in Berlin, sondern in Hamburg, und auch wer sie entdeckt hat, kurz nach Kriegsende, in der beginnenden Schwarzmarktzeit. Die Entdeckerin heißt Frau Brücker und sagt – das steht in keinem Zusammenhang zur Currywurst – zu ihrem wesentlich jüngeren Geliebten 'O. K.' Sie sagt es zum ersten Mal. Was den Mann aus einem verständlichen, aber hier nicht erklärbaren Grund aufhorchen lässt."[7]

Erste Begegnung mit Frau Brücker

Ihren ersten literarischen Niederschlag fand Timms Arbeit an diesen Fragen, die ihn schon „seit Jahren" beschäftigten, bereits in dem 1991 erschienenen Roman ***Kopfjäger***. Darin begegnet dem Leser eine Frau Brücker,

> „die zwei Kinder allein großziehen musste, weil sie eines Tages ihren Mann vor die Tür gesetzt hatte. Frau Brücker wohnte, wie gesagt, in der obersten Etage, die sie aber nie bei Licht erreichen konnte, was dann einmal dazu beitragen sollte, dass die Currywurst erfunden wurde, denn sie, Frau Brücker, ist die Erfinderin der Currywurst. (Ich weiß, der Onkel ist hinter dieser Geschichte her, aber nach dem Tod von Frau Brücker kenne nur ich, Hagen, sie.)"[8]

Die Novelle als Roman-„Spross"

In einem Werkstattgespräch bezeichnet Uwe Timm daher seine Novelle *Die Entdeckung der Currywurst* als einen „Spross" seines Romans *Kopfjäger*.[9]

---

7 Ebd., S. 34.
8 Timm, *Kopfjäger*, S. 49 f.
9 Vgl. *Ein Werkstattgespräch mit Uwe Timm*. In: Durzak/Steinecke, S. 347.

3.2 Inhaltsangabe

ZUSAMMEN-FASSUNG

Der in München lebende Ich-Erzähler will beweisen, dass in Hamburg, der Stadt seiner Kindheit, die Currywurst erfunden worden ist. Zu diesem Zweck besucht er in einem Altenheim in Hamburg-Harburg Frau Brücker, die ehemalige Besitzerin einer Imbissbude in Hamburg Großneumarkt. Ausführlich schildert sie ihm die letzten Kriegstage im April 1945 und die prägenden Erlebnisse in ihrem Leben: Bei einem Kinobesuch lernt die damals 43-Jährige den 24 Jahre alten Bootsmann Hermann Bremer kennen. Nachdem ihr Kinobesuch durch einen Luftalarm gestört worden ist, suchen beide in einem Luftschutzbunker Schutz. Nach der Entwarnung nimmt Lena Brücker den Soldaten zu sich nach Hause. Sie geht mit ihm eine intime Beziehung ein. Bremer versteckt sich fortan als Fahnenflüchtiger in ihrer Wohnung. Lena Brücker ist verheiratet, lebt aber allein: Der Mann ist an der Ostfront und hat sich seit Jahren nicht mehr gemeldet. Auch Bremer ist verheiratet und gerade Vater geworden, was er aber Lena Brücker verschweigt. Als Bremer vom Fenster aus den Einmarsch der Engländer beobachtet, verfällt er dem Traum von einer Koalition der Deutschen und Engländer gegen die Russen – eine Fantasie, die Lena Brücker mit Notlügen aufrecht erhält, weil sie ihren jungen Liebhaber noch nicht heim zu Frau und Kind lassen will. Als Bremer endlich von Lena Brücker erfährt, dass der Krieg vorbei ist, verlässt er sie. Nach der Trennung von ihrem aus dem Krieg heimgekehrten Mann Willi (Gary) Brücker, stellt sich Lena Brücker den Herausforderungen einer alleinerziehenden Mutter und entdeckt durch Zufall das Rezept für die Currywurst.

Kapitel 1

Eine zufällige Bekanntschaft

Der Ich-Erzähler erinnert sich an Frau Brücker[10], die jahrzehntelang im Hamburger Hafenviertel eine Imbissbude betrieben hat. Dort hat der Ich-Erzähler bis vor zwölf Jahren regelmäßig eine Currywurst gegessen, und das schon seit seiner Kindheit, als er immer wieder auf Besuch bei einer inzwischen verstorbenen Tante war, die unweit der Imbissbude im selben Haus wie Frau Brücker gewohnt hat. Die Überzeugung, dass Frau Brücker die Erfinderin der Currywurst sei, lässt ihn nicht los. Deshalb macht er sich auf die Suche nach ihr. Die inzwischen hochbetagte Frau spürt er schließlich in einem Altersheim in Hamburg-Harburg auf, wo sie ihre Zeit damit verbringt, Pullover zu stricken. Er lässt sich von ihr an sieben Tagen (die Novelle umfasst auch sieben Kapitel) einen Teil ihrer Lebensgeschichte erzählen – beginnend mit dem 29. April 1945, dem Tag von Hitlers Trauung mit Eva Braun, einen Tag vor seinem Suizid.

Besuch bei Frau Brücker im Altersheim

Obwohl die Engländer kurz vor Hamburg stehen, soll die Stadt nach dem Willen der Nazis bis zum letzten Mann verteidigt werden. Während eines Kinobesuches an einem regnerischen Tag lernt Lena Brücker den jungen Marinesoldaten Hermann Bremer kennen. Der

---

10 Wie in Timms Novelle steht auch im Folgenden für die betagte Lena Brücker im Altenheim „Frau Brücker" und für die 43-Jährige, die den Soldaten Bremer versteckt, „Lena Brücker".

Eine Zufallsbekanntschaft: Lena Brücker und der junge Marinesoldat Hermann Bremer
© Tom Trambow

Bootsmann ist auf Heimaturlaub bei seiner Frau und seinem einjährigen Sohn gewesen; auf dem Weg zurück zum Admiralsstab in Oslo ist ihm überraschend befohlen worden, sich in Hamburg zum „Endkampf in der Lüneburger Heide“ (S. 17) mit der Panzerfaust zu melden, für den er aber als Seemann keinerlei Erfahrung hat, weshalb er sich nur geringe Überlebenschancen ausrechnet. Als die Luftschutzsirenen ertönen, suchen die beiden Schutz in einem Luftschutzkeller. Später nimmt Lena Brücker den jungen Soldaten mit zu sich: Bremer erzählt von seinen Erlebnissen bei der Marine, die sie aber wenig interessieren, und behauptet, in Braunschweig seine Eltern besucht zu haben (vgl. S. 31). Lena Brücker dagegen verheimlicht nicht, verheiratet zu sein, und erzählt von ihrem Mann, einem Frauenhelden, der bereits 1939 eingezogen worden ist und inzwischen mit einer anderen Frau zusammenlebt, und ihren fast schon erwachsenen Kindern.

In der Gegenwart erzählt die strickende Frau Brücker, sie habe damals die Kantine der Hamburger Lebensmittelbehörde geleitet, und erklärt dem Ich-Erzähler, wie sie seinerzeit ihren Mann Willi kennengelernt hat.

Einladung zur Fahnenflucht

In jener ersten gemeinsamen Nacht kocht Lena Brücker für den jungen Soldaten eine Krebssuppe; erst vor kurzem hat sie entdeckt, wie viel Spaß es ihr macht, mit wenigen Zutaten improvisierte Gerichte zu erfinden. Nach ihrer ersten Liebesnacht lädt Lena Brücker Bremer ein, „ganz“ (S. 36) bei ihr zu bleiben, also zu desertieren und sich bis Kriegsende in ihrer Wohnung zu verstecken. Als Bremer erkennt, wie sinnlos es wäre, sein Leben zu opfern, beschließt er zu bleiben.

Kapitel 2

Bremer hat Angst

Als Deserteur, der als einzige Kleidung seine Uniform trägt, versteckt sich Bremer fortan in Lena Brückers Wohnung. Draußen werden überall Fahnenflüchtige gesucht und erschossen, wie Bremer selbst erlebt hat. Er hat am nächsten Morgen einerseits Angst, an die Front zu gehen, andererseits, als Deserteur entdeckt zu werden bzw. von Lena Brücker abhängig zu sein. Tagsüber beobachtet er das Leben draußen aus dem Fenster der Wohnung, bis Lena Brücker abends von der Arbeit zurückkommt. Seine Beobachtungen deuten darauf hin, dass der Krieg verloren ist.

Nur einmal ein Seitensprung

In der Gegenwart gibt Frau Brücker dem Ich-Erzähler Einblicke in ihr Intimleben. Sie habe sich nach dem Verschwinden ihres Mannes frei gefühlt, habe jedoch nur einmal Sex gehabt, sich aber hinterher schlecht gefühlt – anders als bei Bremer.

Holzingers „Küchensabotage“

Während Bremer daheim auf sie wartet, arbeitet Lena Brücker in der Kantine. Ihrem Koch Holzinger aus Wien haften Gerüchte an, an seinem früheren Dienstort, der Kantine des Reichssenders in Königsberg, das Essen absichtlich verdorben zu haben, um die Verkündung von Siegesmeldungen zu sabotieren. Gegenüber misstrauischen Gestapo-Beamten ist Lena Brücker voll des Lobes über ihren Koch. Als an diesem Tag Gauredner Grün die Lebensmittelbehörde besucht, um eine Durchhalterede zu halten, warnt Holzinger sie, heute besser nichts von der Terrine zu nehmen, gibt ihr also einen Hinweis auf seine „Küchensabotage“ (S. 56).

Blockwart Lammers wird misstrauisch

Als Lena Brücker später wieder daheim mit Bremer am Tisch sitzt und darauf wartet, dass das Essen fertig ist, klingelt es plötzlich Sturm an der Tür. Während Bremer in einer Kammer verschwindet, versucht Lena Brücker seine Spuren zu verwischen, indem sie verdächtige Gegenstände versteckt. Der Block- und Luftschutzwart Lammers kommt zu einem unangekündigten Kontrollbesuch. Er ist misstrauisch geworden, weil Lena Brücker beim letzten Luftalarm nicht wie üblich in den Keller geflüchtet ist. Außerdem hat er mitbekommen, dass sie Zigaretten gekauft habe, obwohl sie schon lange nicht mehr raucht. Schließlich hätten sich die Nachbarn über nächtliche Schreie in Brückers Wohnung beschwert. Gründlich inspiziert er die Wohnung, findet jedoch nichts Verdächtiges, bis auf Bremers Feuerzeug auf dem Tisch. Er spricht Lena Brücker darauf an, aber diese entzündet damit demonstrativ eine Zigarette, sodass Lammers keinen Anhaltspunkt findet. Da dieser den Verdacht hat, dass der Sohn von Lena Brücker desertiert sei, droht er, dafür zu sorgen, dass sie eine Einquartierung bekommt. Zudem fordert er Lena Brücker dazu auf, sich und ihren Sohn bei der Polizei zu melden. Schließlich wirft Lena Brücker Lammers aus ihrer Wohnung.

Das Kapitel endet mit dem Bericht von Frau Brücker über Lammers und das Schicksal eines ehemaligen KPD-Mitgliedes namens Wehrs aus der Nachbarschaft, der trotz Warnungen seiner Freunde immer wieder die Nazis verspottet hat. Eines morgens wird er mitgenommen und kehrt nach ein paar Tagen als gebrochener Mann zurück. Wenig später begeht er Selbstmord. Die Nachbarn halten Lammers für den Denunzianten und gehen ihm deshalb aus dem Weg. Er wiederum schüchtert die Nachbarn durch schikanöse Fragen ein, um ihre Haltung zum Regime zu überprüfen. Nur Lena Brücker vermag es, ihm die Stirn zu bieten.

Lammers gilt als Denunziant

Kapitel 3

Während Lena Brücker auf der Arbeit ist, langweilt sich Hermann Bremer allein in ihrer Wohnung. Wenn er aus dem Fenster auf die Straße schaut, sieht er vor allem die monotonen Bewegungen von Frauen mit Wassereimern. Bremer kann auch keine Nachrichten hören, denn das Radio in Brückers Wohnung ist defekt. Es gelingt ihm nicht, eine neue Röhre zu finden, um es zu reparieren. Stattdessen stößt er auf Spuren von Lena Brückers früherem Leben, Fotos, Urkunden und Dokumente, aber auch auf die Kleidung ihres Gatten. Einmal wird in dieser Zeit an der Tür geklopft und gerüttelt, Bremer versteckt sich noch rechtzeitig in der Kammer, und als er wieder herauskommt, entdeckt er, dass im Bad das Rasierzeug verschwunden ist.

Begegnung mit Lena Brückers Vergangenheit

Frau Eckleben macht ihre Nachbarin Lena Brücker darauf aufmerksam, dass sich offenbar jemand in ihrer Wohnung aufhalte, da sie darin die Schritte eines Mannes gehört habe, was Brücker zunächst bestreitet, bis sie sich mit der Notlüge rettet, dass ihre Freundin einen Schlüssel habe. Kurz darauf kann sie Bremer beruhigen, sie selbst habe das Rasierzeug in den Wäschebeutel gesteckt.

Bremers Vorliebe für Curry

In der Gegenwart erzählt Frau Brücker dem Ich-Erzähler, dass Hermann Bremer sie damals gefragt habe, ob sie Curry im Haus habe – Curry sei für ihn aufgrund früherer Erfahrungen eine Art Götterspeise gegen Schwermut gewesen.

Bremer ist Vater und Ehemann

Als sie für ihn kocht, entdeckt sie wenig später Bremers aus der Marinejacke herausgefallene Brieftasche und findet so heraus, dass er verheiratet und Vater eines neugeborenen Kindes ist. Als sie ihn daraufhin fragt, ob er verheiratet sei, verneint Bremer jedoch, sodass Lena Brücker auch ihr Verhalten ihm gegenüber zu ändern beginnt. Um Ärger mit den Nachbarn zu vermeiden, legen sie künftig die Matratzen in der Küche auf den Boden.

Kapitel 4

Überraschendes Kriegsende

Am Anfang dieses Kapitels überschlagen sich die Meldungen. Zunächst wird am 1. Mai im Reichsender Hamburg der Tod Hitlers bekannt gegeben. Wenig später folgt die für alle überraschende Meldung, dass Hamburg kampflos an die Engländer übergeben werde. Lena Brücker freut sich über diese Meldung, die ihr zeigt, dass zuletzt doch die Vernunft gesiegt habe. In Hamburg geht der Krieg somit zu Ende. Jedoch will sie ihrem Liebhaber und Schützling Hermann Bremer die Neuigkeit vorerst verschweigen, denn sie möchte, dass er noch ein paar Tage länger bei ihr bleibt. Sie befürchtet, dass Bremer sofort nach Braunschweig zurückfährt, sobald er erfährt, dass der Krieg vorbei ist.

Beide haben etwas verschwiegen

In der Gegenwart gesteht Frau Brücker, Bremer sei ein guter Liebhaber gewesen, was der Ich-Erzähler genauer wissen will. Ein schlechtes Gewissen wegen ihrer Lüge habe sie nur am Anfang gehabt, danach habe es ihr Spaß gemacht zu schwindeln. Letztlich hätten sie damals beide etwas verschwiegen.

Bremer träumt weiter vom Krieg gegen Russland

Blockwart Lammers versetzen die Nachrichten in einen Schockzustand, für ihn bedeutet „kampflos" „ehrlos" (S. 92). Bremer freut sich zuerst über die Nachricht, später, als er erfährt, dass Großadmiral Dönitz zum Nachfolger Hitlers ernannt worden ist, wird er wieder ganz zum Marinesoldaten und sinniert mit einem Atlas in der Hand, wie der Krieg nun, nach dem von ihm vermuteten Verständigungsfrieden mit Engländern und Amerikanern, endlich gegen die Russen fortgesetzt werden könne. Die plötzliche Stille in der Stadt, das völlige Fehlen von Schüssen, irritiert ihn allerdings.

Leidenschaft fürs Stricken

In der Gegenwart erzählt Frau Brücker dem Ich-Erzähler von ihrer Leidenschaft fürs Stricken.

Lena Brücker erzählt Bremer nur die halbe Wahrheit

Bremer bittet damals Lena Brücker, nach einer Radioröhre Ausschau zu halten. Lena Brücker denkt in dieser Zeit sowohl an ihren Mann und seine Eskapaden, darunter auch seine Schmuggelfahrten, als auch daran, wie es mit ihr und Bremer, der ihr weiterhin seine private Situation verschweigt, weitergehen könne. In der Stadt sind inzwischen die Engländer eingerückt. Als Lena Brücker anderntags aus der Stadt zurückkehrt, erfährt sie von Frau Eckleben, dass Lammers sich in seiner Wohnung erhängt hat, da er die Schande der Niederlage nicht habe ertragen können. Lena Brücker will Bremer noch immer nicht erzählen, dass der Krieg vorbei ist, gibt aber zu, dass die Engländer bereits in der Stadt seien und sich das Leben in Kürze wieder normalisieren werde; Zeitungen gebe es allerdings noch nicht. Bremer möge doch noch ein wenig warten, was diesem jedoch zunehmend schwerfällt.

Kapitel 5

Recherchen des Ich-Erzählers

Das Kapitel beginnt in der Gegenwart mit einem Spaziergang des Ich-Erzählers mit Frau Brücker in der Nähe des Dammtorbahnhofs. Die alte Frau hat den Wunsch, sich nochmals einige Erinnerungsstätten anzusehen. Wenige Tage später befragt der Ich-Erzähler einen Freund, einen englischen Ethnologen, nach der Geschichte des Currys und studiert in der Staatsbibliothek die Hamburger Zeitung vom 2. bis 7. Mai 1945.

Englische Offiziere in der Kantine

Damals versucht Lena Brücker weiterhin, Bremer die Nachricht vorzuenthalten, dass der Krieg vorbei ist, und genießt seine Anwesenheit, zumal er viel im Haushalt hilft; aber Bremer wird immer ungeduldiger und seine Leidenschaft für die ältere Frau lässt nach. In Lena Brückers Kantine wird sie von englischen Offizieren befragt, und ihr Chef Dr. Fröhlich hat seine braune Parteiuniform gegen einen grauen Anzug getauscht und hält schon wieder aufbauende Reden. Lena Brücker macht die Bekanntschaft mit einem englischen Captain namens Friedländer, von dem sie jeden Tag zwei, drei Zigaretten bekommt, die sie abends Bremer gibt, der weiterhin von einer Allianz zwischen Deutschen, Engländern und Amerikanern „gegen den Iwan“ (S. 117) träumt. Die Spannungen zwischen Lena Brücker und Hermann Bremer, der sich zunehmend wie in einer „Falle“ (S. 118) fühlt, verschärfen sich aber.

Der Ich-Erzähler befragt Frau Eckleben

In der Gegenwart befragt der Ich-Erzähler die inzwischen ebenfalls hochbetagte Frau Eckleben, die unter Frau Brücker gewohnt hat und die sich noch gut an „ein ewiges leichtes Schaukeln der Decke“ (S. 119) in diesen Tagen erinnert. Wie der Ich-Erzähler herausgefunden hat, war es nicht Lammers, sondern Frau Eckleben gewesen, die damals den Kommunisten Wehrs denunziert und die auch über Frau Brücker Berichte geschrieben hat. Frau Eckleben hat seinerzeit vermutet, ihre Nachbarin hätte einen geflohenen Nazi vor den Alliierten versteckt, weshalb sie sie plötzlich freundlich grüßte.

Anfang Mai 1945 will Lena Brücker nur noch 14 Tage lang das Fantasiegebilde eines Bündnisses zwischen Deutschen und Engländern aufrechterhalten und tischt dazu Bremer immer neue Lügen auf. Bremer macht vom Fenster aus aber immer irritierendere Beobachtungen, die auf die Entstehung eines Schwarzmarktes schließen lassen, und löchert Lena Brücker mit Fragen über die Kriegslage. Schließlich kommt es zu einem offenen Streit zwischen beiden, Bremer will endlich genau wissen, was los ist, will endlich eine Zeitung lesen oder Radio hören. Bremer, der als Deserteur weiterhin um sein Leben fürchtet, wird sogar handgreiflich gegenüber Lena Brücker. Dabei zieht er sich selbst eine Verletzung zu und fühlt sich gedemütigt. Beide versöhnen sich, und Bremer träumt weiterhin von einem glücklichen Ausgang des Kriegs für die deutsche Wehrmacht, die er in seiner Fantasie an der Seite der Amerikaner und Briten erfolgreich gegen die Russen kämpfen sieht. Allerdings trägt der Geschmacksverlust, den er plötzlich erleidet, nicht zur Verbesserung seiner psychischen Verfassung bei; Holzinger, den Lena Brücker um Rat fragt, vermutet eine „Verstopfung der Geschmacksknospen" (S. 136) aufgrund von Schwermütigkeit.

Der Streit

Bremer verliert seinen Geschmack

In der Gegenwart vermutet der ungeduldige Ich-Erzähler, an dieser Stelle habe Frau Brücker endlich die Currywurst erfunden, aber „so einfach gehts nur in Romanen zu" (S. 137), entgegnet Frau Brücker.

Noch immer keine Currywurst

Während Bremer über die Ursachen seiner Geschmackstaubheit grübelt, will Lena Brücker Bremer die Wahrheit nicht länger vorenthalten. Weil dieser ihr aber an diesem Abend einen Rosenstrauß aus Papier zum Geburtstag gebastelt hat, schweigt sie vorerst doch weiter, will ihm aber nun drei Tage später die Wahrheit sagen.

Der Traum neigt sich zu Ende

Kapitel 6

In der Zeitung sind erstmals Fotos von KZ-Häftlingen und Waggons voller Leichen zu sehen; Lena Brücker ist geschockt und aufgewühlt. Der Captain in der Kantine spricht an diesem Tag erstmals nicht mit ihr, grüßt sie nicht einmal. Sie versucht, mit Bremer darüber zu sprechen. Als Bremer die Verbrechen des NS-Regimes unbeirrt als Feindpropaganda bezeichnet, gibt sie ihre Lüge auf und schreit ihm

Die Wahrheit über den Holocaust

die Wahrheit über den verlorenen Krieg entgegen. Sie verlässt die Wohnung und denkt über das Schicksal von Hamburger Juden, die sie gekannt hat, nach. Sie erinnert sich, wie Frau Levinson ihr bei der Deportation zum Abschied zugewinkt hat, und an die Gerüchte über gespenstisch stille Güterzüge voller Menschen, die täglich in den Osten rollten.

Bremer verschwindet

Als Lena Brücker in ihre Wohnung zurückkehrt, ist Bremer verschwunden. Im Schrank fehlt der graue Anzug ihres Mannes, dafür hängt dort Bremers Uniform mit dem Reiterabzeichen. Die Feldplane liegt gefaltet im Flur. Bremer hat Lena Brücker ohne eine Nachricht für immer verlassen. Eine kurze Zeit lang ist sie über das Ende ihrer Beziehung mit Bremer traurig, auch weil sie ihm nun nicht mehr erklären kann, warum sie ihn über das Kriegsende belogen hat.

Lena Brückers Ehemann kehrt zurück

Mit Bremers Verschwinden endet der erste Teil von Frau Brückers Erzählung. Die alte Frau weiß nicht, was aus Bremer geworden ist. Allerdings kann sie dem Ich-Erzähler berichten, dass Bremer bei der Entdeckung der Currywurst eine Rolle gespielt habe, wenn auch nur indirekt. Aber zunächst sei damals im Januar 1946 überraschend ihr Mann aus einem Internierungslager heimgekehrt.

Zwischenspiel als Hausfrau

Als dieser damals die fremde Uniformjacke im Schrank entdeckt, schluckt er seine Wut hinunter und gesteht seiner Frau zu, nun „quitt" (S. 154) zu sein. Einen Monat später wird Lena Brücker in der Kantine entlassen. Nun wieder ganz auf die Rolle der Hausfrau beschränkt, wird ihr klar, dass die Zeit mit Bremer „das Glück" (S. 155) gewesen ist. Als sie eines Tages entdeckt, dass ihr Ehemann sie schon wieder betrügt, wirft sie ihn spontan aus der Wohnung. Damit verschwindet ihr Ehemann für immer aus ihrem Leben.

Frau Brückers Imbissbude – damals und heute

Als Frau Brücker in der Gegenwart nach vielen Jahren in Begleitung des Ich-Erzählers wieder Großneumarkt besucht, kommt sie mit den Veränderungen, die den Ort in der Zwischenzeit geprägt haben, nur mit Mühe zurecht. Sie erzählt von ihrer Imbissbude und der Schwarzmarktzeit; bei ihr sind damals wie in einer Börse Geschäfte abgeschlossen worden. Heute steht an der Stelle ihrer Bretterbude ein moderner Imbisswagen, indem die Currywurst maschinell verarbeitet wird. Der Ich-Erzähler überlegt kurz, Frau Brücker als die wahre Entdeckerin der Currywurst vorzustellen, gibt den Gedanken jedoch wieder auf, da er zu diesem Zeitpunkt noch keine Antwort auf die Frage weiß, wie und wann genau sie die Currywurst entdeckt hat.

Kapitel 7

Wie Lena Brücker die Currywurst entdeckte

An seinem letzten Tag in Hamburg erfährt der Ich-Erzähler endlich, wie Lena Brücker nach dem Krieg die Erfindung der Currywurst gelungen ist. Das Rezept für die Currywurst ist das Ergebnis eines komplizierten Tauschgeschäfts, durch das sie damals die Zutaten für die Currywurst erhalten hat.

Ein kompliziertes Tauschgeschäft beginnt

Von ihrem ehemaligen Kollegen Holzinger bekommt Lena Brücker, die sich mit einer Imbissbude selbstständig machen will, den Hinweis, sich an eine alkoholsüchtige Wurstfabrikantin in Elmshorn zu wenden. Bevor sie sich auf den Weg macht, näht sie aus Bremers Uniform eine Art Business-Kostüm. In Elmshorn trifft sie Frau Demuth, die Wurstfabrikantin, und stellt sich als Pächterin einer Imbissbude vor. Sie äußert den Wunsch, wöchentlich 300 Würste zu beziehen. Obwohl sie keine Bezugsberechtigung vorweisen kann, lässt sich die alkoholsüchtige Wurstfabrikantin auf das Geschäft ein, nachdem ihr Lena Brücker zum Tausch für 250 Stück Kalbsbratwürstchen eine Flasche echten schottischen Whisky angeboten hat. In Wahrheit denkt Lena Brücker daran, der Wurstfabrikantin gut gepanschten Whisky in schottischen Originalflaschen anzudrehen.

Das Reiterabzeichen als ein wertvolles Tauschobjekt

Während der Rückfahrt fällt Lena Brücker ein, dass sie das silberne Reiterabzeichen, das Bremer hinterlassen hat, ebenfalls zum Tausch anbieten könnte. Lena Brückers Freundin Helga aus ihrer Zeit in der Lebensmittelbehörde vermittelt ihr den Kontakt zu einem englischen Major, der eifrig deutsche Orden sammelt. Diesem fehlt allerdings ausgerechnet ein Reiterabzeichen in seiner Kollektion. Als er von dessen Existenz hört, sucht er Frau Brücker in der Brüderstraße auf. Den gewünschten schottischen Whisky für das Reiterabzeichen bekommt Lena Brücker von ihm jedoch nicht, stattdessen bietet ihr der Major 24 Festmeter Holz, womit sich Lena Brücker schließlich einverstanden erklärt. Als sie nachrechnet, wie viel Holz das ist, wird ihr klar, dass sie es unbedingt weitertauschen muss, noch bevor es geliefert wird.

Holz, Chloroform, Felle

Auf der Suche nach Pflanzenöl bekommt Lena Brücker von einem Großschieber einen Tipp, der sie zu einem englischen Verantwortlichen für ein Proviantlager führt und der eine für Geschenke empfängliche Frau habe. Lena Brücker will für sie einen Pelzmantel anfertigen lassen, um so an Öl, weitere Zutaten für die Currywurst sowie den Whisky zu gelangen. Die Felle für den Mantel bekommt sie von einem Mann aus der sowjetischen Besatzungszone, der sich mit Chloroform bezahlen lässt, das Lena Brücker wiederum vom Chef einer Frauenklinik im Gegenzug für die 24 Festmeter Holz erhält.

Currypulver statt Pflanzenöl

Den Pelzmantel fertigt schließlich der Vater des Ich-Erzählers an, den Lena Brücker auf Empfehlung aufsucht. Die Frau des englischen Intendanturrats ist mit dem Mantel zufrieden, Lena Brücker bekommt aber nicht das erhoffte Pflanzenöl, sondern Speck und Currypulver in Dosen. Lena Brücker bereut es wenig später, sich auf „diesen verrückten Tausch“ (S. 178) eingelassen zu haben, sie muss an Bremer, das Reiterabzeichen und den schönen Pelzmantel denken. Durch ein Missgeschick im Treppenhaus zu ihrer Wohnung

Der Zufall hilft mit

stolpert sie, und Ketchup und Currypulver vermischen sich zu einem neuartigen, wunderbaren Geschmack, wie sie entdeckt. Nach einigen Verfeinerungen brät sie die erste Currywurst. Wenig später sollte die Currywurst vom Imbissstand der Lena Brücker am Großneumarkt aus ihren „Siegeszug" (S. 182) durch ganz Deutschland und dann auch Europa beginnen. Als eines Tages Bremer einmal nach Hamburg kommt, kauft er sich zufällig eine Currywurst bei dem von Schwarzmarkthändlern umlagerten Imbissstand von Lena Brücker. Beide erkennen sich, zu einem Gespräch kommt es jedoch nicht, aber dafür bringt Lena Brückers Currywurst Bremer zum ersten Mal wieder seinen verlorenen Geschmack zurück.

Ein letztes Wiedersehen

Ein halbes Jahr später erfährt der Ich-Erzähler, dass Frau Brücker im Altenheim verstorben ist. Sie hat ihm aber etwas hinterlassen: den Pullover und ihr altes Rezept mit den Zutaten für die Currywurst.

Das Originalrezept

3.3 Aufbau

ZUSAMMENFASSUNG

Timms Novelle *Die Entdeckung der Currywurst* gliedert sich formal in sieben Kapitel, die in eine Rahmenerzählung und eine Binnenerzählung eingebettet sind:

→ Rahmenerzählung: In der Erzählgegenwart absolviert der Ich-Erzähler sieben Besuche bei Frau Brücker in einem Altersheim in Hamburg-Harburg und lässt sich von ihr erzählen, wie es zur Entdeckung der Currywurst gekommen ist.

→ Binnenerzählung: In der Erzählvergangenheit (ab Ende April 1945) versteckt Lena Brücker bei sich den Marinesoldaten Hermann Bremer, der ihr Liebhaber wird, nach ihrer Trennung entdeckt sie die Currywurst.

Verknüpft werden diese beiden Erzählstränge durch einen permanenten Wechsel der Erzählperspektive, wodurch die Novelle eine besondere narrative Dynamik erhält. Spannung entsteht vor allem durch Frau Brückers Erzählweise, die durch zahlreiche Abschweifungen und Unterbrechungen gekennzeichnet ist.

Die Rahmenerzählung

Sieben Besuche im Altersheim

In der Rahmenerzählung schickt Uwe Timm seinen fiktiven Ich-Erzähler, der wie der Autor selbst in München wohnt, auf die Suche nach Frau Brücker, der ehemaligen Besitzerin einer Imbissbude am Großneumarkt in Hamburg. Der Ich-Erzähler trifft um 1988/89[11] die

---

11 Das genaue Jahr wird nicht genannt, die Gegenwart der Novelle ergibt sich aber aus dem Umstand, dass die Lena Brücker der Binnenerzählung im Jahr 1945 43 Jahre alt ist (vgl. S. 34), die Frau Brücker der Rahmenerzählung jedoch fast 87 Jahre alt ist (vgl. S. 90).

betagte Dame siebenmal in einem Altersheim in Hamburg-Harburg und lässt sich von ihr erzählen, wie sie nach Kriegsende die Currywurst entdeckt hat. Die Zusammenkünfte zwischen dem namenlosen Ich-Erzähler und Frau Brücker, seine weiteren Recherchen (etwa im Zeitungsarchiv oder bei ihrer ehemaligen Nachbarin Frau Eckleben) sowie gemeinsame Unternehmungen (etwa zum Hamburger Großneumarkt) bilden die Rahmenerzählung:

> „Siebenmal fuhr ich nach Harburg, sieben Nachmittage der Geruch nach Bohnenwachs, Lysol und altem Talg, siebenmal half ich ihr, die sich langsam in den Abend ziehenden Nachmittage zu verkürzen. Sie dutzte mich. Ich siezte sie, aus alter Gewohnheit." (S. 15)

Kontrast zwischen Gegenwart und Vergangenheit

Erzähltechnisch wird die Gegenwart des Ich-Erzählers in der Bundesrepublik der späten 1980er Jahre mit der Vergangenheit Frau Brückers in NS- und Nachkriegszeit kontrastiert (vgl. S. 160). Markant ist beispielsweise die Veränderung am ehemaligen Stand der Imbissbude Lena Brückers auf dem Großneumarkt. Der Ich-Erzähler stellt über den neuen Verkaufsstand fest:

> „(...) das ist keine Bude. Das ist ein großer Anhänger, so eine Art Campingwagen, weiß lackiert, doppelachsig, technisch auf dem neuesten Stand, eingerichtet mit Edelstahlspüle, Kühlschrank, Hähnchengrill, Wurstsotto, Friteuse. Dieser Wagen war in nichts zu vergleichen mit der alten Bretterbude von Frau Brücker und ihren gusseisernen Pfannen." (S. 163)

Ständiger Wechsel der Erzählperspektive

Ermöglicht wird dieser zeitliche Kontrast durch den häufigen Wechsel und die Verknüpfung von Themen und unterschiedlichen Erzählperspektiven. Auf diese Weise entsteht eine Distanz zum Inhalt der Binnenerzählung, sodass der Leser gefordert wird, die Novelle reflektierend zu rezipieren.

> „Und er [Bremer; Y. M.] rief: Ich hab einen Bärenhunger.
> Sie [Lena Brücker in der Erzählvergangenheit; Y. M.] stellte den Topf mit der Erbsensuppe zum Aufwärmen auf den Kanonenofen. Irgendwie hatte er neugierige Hände, sagte sie [Frau Brücker in der Erzählgegenwart; Y. M.] (...)" (S. 90).

Die Binnenerzählung

Trägerin der Binnenperspektive

Zentrale Gestalt der Novelle und zugleich Trägerin der Binnenperspektive ist Lena Brücker. Die inzwischen fast 87-Jährige (vgl. S. 90) gewährt dem Ich-Erzähler in Fortsetzungen sowie mittels dazwischengeschobener Episoden (wie die überraschende Rückkehr ihres Mannes, vgl. S. 152) einen differenzierten Einblick in ihr Leben, wobei der **Fokus auf den letzten Kriegstage in Hamburg sowie die unmittelbare Nachkriegszeit** liegt. Wichtig sind dabei zum einen ihre Liebesbeziehung zu einem jungen Marinesoldaten namens Hermann Bremer, dem sie zur Fahnenflucht verhilft und der ihr Liebhaber wird, dem sie aber später das Kriegsende verschweigt, aus Angst, dass er sie verlässt. Zum anderen geht es auch um die eigentliche Titelgeschichte, also um die abenteuerliche Geschichte von der Entdeckung der Currywurst durch Lena Brücker. Durch diese **thematische Verschiebung** wird die Spannung immer mehr gesteigert, da der immer wieder ungeduldig nach der Entdeckung der Currywurst fragende Ich-Erzähler und mit ihm der Leser erst ganz zum Schluss erfährt, wie es zu der kulinarischen Innovation nun gekommen ist.

Spannungsaufbau durch Verzögerung

> „Ich versuchte, sie auf den Curry zurückzubringen. Hat Bremer denn das Rezept entdeckt? / Bremer, wieso? Weil er gefragt hat.

> Was? Na, wegen des Currys. Ach so. Nee. Das mit der Currywurst war n Zufall, nix weiter. Ich bin gestolpert. Dabei ist es passiert. War n einziger Matsch.“ (S. 81, vgl. auch S. 136)

Frau Brückers Erzählweise kommentiert der Ich-Erzähler zu Beginn der Novelle so:

> „Das alles erzählte sie stückchenweise, das Ende hinausschiebend, in kühnen Vor- und Rückgriffen, sodass ich hier auswählen, begradigen, verknüpfen und kürzen muss.“ (S. 16)

Die Binnenerzählung lässt sich in vier Zeitabschnitte gliedern:

Gliederung in vier Zeitabschnitte

1. Die Zeit vor dem Zusammentreffen von Lena Brücker mit Hermann Bremer
Es handelt sich um eine Zeitspanne von immerhin 43 Jahren. Allerdings wird sie nicht zusammenhängend beschrieben, sondern einige Erlebnisse in der Vergangenheit (v. a. ihre unglückliche Ehe mit einem Frauenhelden) werden episodenhaft und in stark geraffter Form im Haupthandlungsstrang angerissen.
2. Das Zusammenleben mit Bremer bis zur Übergabe Hamburgs
Dieser Zeitabschnitt beginnt am 29. April 1945 mit der Fahnenflucht, zu der Lena Brücker den Bootsmann Hermann Bremer überredet. Bis zur kampflosen Übergabe Hamburgs, mit der in der Stadt der Krieg endet, ist die Beziehung von Harmonie, lustvollem Sex und der Angst vor Entdeckung bestimmt.
3. Das Zusammenleben mit Bremer bis zur Offenbarung der wahren Verhältnisse draußen
Dieser Abschnitt umfasst nur wenige Tage im Mai 1945, ist aber der proportional längste der Novelle. Er stellt zugleich die schwierigste Phase im Zusammenleben zwischen Brücker und Bremer dar. Lena Brücker denkt sich aus Eigennutz ständig neue Lügen aus, um

Bremers Glauben daran, dass der Krieg nun gemeinsam mit den Engländern gegen die Sowjetunion fortgesetzt werde (und er sich deshalb aber auch weiterhin bei ihr verstecken müsse), aufrechtzuerhalten. Als sie Bremer endlich die Wahrheit offenbart, verschwindet dieser.

4. Die Zeit nach dem Verschwinden Bremers

Dieser Zeitabschnitt umfasst die unmittelbare Nachkriegszeit und bildet mit Blick auf die erzählte Zeit einen relativ langen Abschnitt der Binnenerzählung, ist aber mit Blick auf die Erzählzeit relativ kurz (nur anderthalb Kapitel). Lena Brückers Ehemann Gary kehrt aus dem Krieg zurück und setzt für kurze Zeit das Eheleben mit ihr fort. Als Lena jedoch seine Affäre mit einer anderen Frau entdeckt, setzt sie ihn vor die Tür. Sie ist nun allein für ihre Kinder und das Enkelkind Heinz verantwortlich, will sich in der Schwarzmarktzeit als Imbissbudenbesitzerin selbstständig machen und entdeckt nach einem komplizierten Tauschgeschäft durch Zufall die Currywurst.

Keine geradlinige Geschichte

Beide Handlungsstränge machen deutlich, dass die Novelle nicht auf einer geradlinig erzählten Geschichte basiert. Dies thematisiert auch der Ich-Erzähler: „Ich musste sie [Lena Brücker; Y. M.] von Edith und dem vermissten Pionierleutnant ab- und wieder hinbringen zur Currywurst.“ (S. 159) Aber auch äußere Umstände führen dazu, dass Frau Brückers Erzählung unterbrochen wird:

> „(...) übermorgen muss ich zurück nach München. Es beklagen sich die Kinder, auch meine Frau. Und das mit Recht. Ich hatte ja nur eine Woche in Hamburg bleiben wollen und bin schon die zweite Woche hier.“ (S. 152)

RAHMEN- UND BINNENHANDLUNG IN *DIE ENTDECKUNG DER CURRYWURST*

Rahmenhandlung (Ende der 1980er Jahre)

- sieben Besuche des Ich-Erzählers bei Frau Brücker im Altersheim
- Ausflüge der beiden zu Erinnerungsstätten
- Kindheitserinnerungen des aus Hamburg stammenden Ich-Erzählers
- Nachricht vom Tod Frau Brückers
- letztes Päckchen von Frau Brücker an den Ich-Erzähler

Binnenhandlung (v. a. April/Mai 1945)

- Hamburg in den letzten Tagen des Zweiten Weltkrieges
- die Geschichte von Lena Brücker und Hermann Bremer
- englische Militärverwaltung, Schwarzmarkt
- Scheitern der Beziehung
- Lena Brücker als alleinerziehende Mutter und Erfinderin der Currywurst nach 1945

Doppelte Funktion der Binnenerzählung

Eine Besonderheit der Binnenerzählung liegt in ihrer doppelten Funktion:

→ Zum einen dient sie für den Ich-Erzähler als Informationsquelle für die Frage, die ihn so brennend interessiert: Von wem, wann und wie wurde die Currywurst entdeckt?

→ Zum anderen aber dient sie Frau Brücker dazu, die Langeweile im Heim zu vertreiben, teils schöne Erinnerungen wiederauferstehen zu lassen und ihre eigene Vergangenheit sowohl im metaphorischen als auch im praktischen Sinn zu verarbeiten: „Noch am selben Abend begann Lena Brücker damit, die Uniform von Bremer zu einem Kostüm umzuschneidern.

> Es war buchstäblich ein Einschnitt, auch in ihrem Leben." (S. 165)

Auch der Ich-Erzähler bedient sich eines ähnlichen Verfahrens, indem er die Erzählungen Frau Brückers (Binnenerzählung) und die eigenen Kommentare (Rahmenerzählung) zu einer Novelle formt, vergleichbar mit dem oben erwähnten zurechtgeschneiderten Kostüm. Wenn der Ich-Erzähler an späterer Stelle von der Arbeit seines Vaters, eines Kürschners, berichtet, dann sind die Parallelen zur Erzähltechnik der Novelle offensichtlich:

> „So entsteht ein Muster von einem Weiß, das in ein Mittelgrau übergeht, und in der Mitte des Fells in ein zartes Dunkelgrau. Aber jede Bewegung der Fellteile ist ein bewegtes, ein sich einschattendes und wieder aufhellendes Grau." (S. 174)

Ähnlichkeit mit einem Flickenteppich

So oder ähnlich kommt dem aufmerksamen Leser auch die **erzähltechnische Komposition von Timms Novelle** vor. Stellenweise ähneln die ineinander übergehenden Erzählteile einem Flickenteppich. Dazu trägt nicht zuletzt der Sachverhalt bei, dass sich in dieser Novelle zahlreiche intertextuelle Bezüge und Anspielungen finden. Das zeigt sich etwa, wenn Lena Brücker beim Umschneidern von Bremers Uniform das einst populäre Volkslied *Am Brunnen vor dem Tore* (vgl. S. 166) von Wilhelm Müller singt. Die nahezu märchenhafte Entdeckung des Currywurstgeschmacks wird gleich in Verbindung gebracht mit *Ali Baba und die vierzig Räuber* (vgl. S. 181) aus der orientalischen Geschichtensammlung *Tausendundeine Nacht*.

Bedeutung der Zahl Sieben

Dies steht wiederum in einem engen Zusammenhang mit der „magischen", für Märchen typischen Zahl Sieben. Der Ich-Erzähler besucht Frau Brücker siebenmal (vgl. S. 15). Die Novelle gliedert sich in sieben Kapitel. Sieben Tage nach der Kapitulation werden „Wildgemüse“ in „Brennnessel“ (S. 113) umbenannt. Im ersten Kreuzworträtsel, das Bremer löst, hat ein Lösungswort „sieben Buchstaben“ (S. 93) etc.

Eine Entdeckung im „wunderbaren Konjunktiv“

Auch auf *Rose von Stambul* (S. 181), eine am 2. Dezember 1916 in Wien uraufgeführte Operette von Leo Fall, nimmt die Novelle Bezug. Zu nennen sind ebenfalls die Anspielungen auf Homers Epos *Odyssee*, die vielfach die Situation Hermann Bremers widerspiegeln (vgl. S. 54 dieser Erläuterung). Durch diesen literarischen Kunstgriff, ein **Geflecht von intertextuellen Anspielungen**, kristallisiert sich die Currywurst in Timms Novelle als das Ergebnis einer märchenhaft-abenteuerlichen Entdeckung heraus. Dem Autor geht es dabei weniger um die historische Wahrheit als vielmehr um eine ästhetische Erfahrung, d. h. die Entdeckung der Currywurst, von der in der Novelle die Rede ist, existiert nur im „wunderbaren Konjunktiv“[12].

Novellistische Erzähltechniken

Merkmale einer Novelle

Timms *Die Entdeckung der Currywurst* trägt den Untertitel „Novelle“. Damit stellt der Autor seinen Text in eine Gattungstradition, die in Boccaccios *Dekameron* (1349–1375) ihren Ursprung hat. Spätestens seit dem 19. Jahrhundert versteht man unter dem Begriff Novelle eine

> „kurze Erzählung einer als ‚neu‘ angezeigten Begebenheit, von lat. *novus* (…), einsträngige, auf einen Höhepunkt konzentrierte Prosa-Erzählung geschlossener Form und mittlerer Länge mit vorgeblichem Anspruch auf Faktenwahrheit bei gleichzeitiger Ästhetisierung (Rahmenerzählung, Herausgeberfiktion, Hinweis auf Gewährsperson u. a.) (…)“[13].

---

12 Ebd., S. 347 f.
13 Burdorf, S. 547.

Straffer Aufbau und „objektiver" Berichterstatter

Liest man Timms *Entdeckung der Currywurst* auf der Grundlage dieser Definition einer komplexen Gattung, so werden einige gattungskonstituierende Merkmale augenfällig: Über einen für die Novelle typischen kunstvollen und straffen Aufbau verfügt der Text durchaus, und auch weitere für diese Gattung charakteristische Merkmale lassen sich darin erkennen, etwa der „objektive Berichtstil" des Ich-Erzählers und das aus dem menschlichen Leben entnommene Sujet. Das Besondere an Timms Novelle lässt sich aber nur dann erfassen und beschreiben, wenn man die spezifische Formung dieser Strukturelemente in Augenschein nimmt.

Zwei unerhörte Begebenheiten

Unerhörte Begebenheit 1: Verführung zur Fahnenflucht

Für die Novellisten des 19. Jahrhunderts gilt als wichtigstes Erkennungsmerkmal der Gattung die von Goethe sogenannte „**unerhörte Begebenheit**"[14]. Timm orientiert sich zwar an diesem Gattungsverständnis, bietet aber in seinem Text gleich zwei unerhörte Begebenheiten:

Unerhört ist zunächst die Geschichte, wie Lena Brücker ihre Zufallsbekanntschaft, einen (verheirateten) Wehrmachtssoldaten, zur Fahnenflucht überredet (vgl. S. 39) und während der letzten Kriegstage (und sogar darüber hinaus) in ihrer Wohnung versteckt hält – trotz der Gefahr durch den Blockwart sowie durch neugierige Nachbarn –, und zwar teils um diesem ihr letztlich unbekannten Soldaten das Leben zu retten, teils aber eben auch, um mit ihm eine intime Beziehung unterhalten zu können.

Unerhörte Begebenheit 2: Entdeckung der Currywurst

Unerhört ist aber auch die Entdeckung der Currywurst selbst aufgrund eines (zufälligen) Stolperns. Während Lena Brücker ihre

---

14 Johann Wolfgang Goethe: *Sämtliche Werke. Briefe, Tagebücher und Gespräche.* Hrsg. von Dieter Borchmeyer u. a. 40 Bände. Frankfurt am Main: Deutscher Klassiker Verlag, 1985 ff. Abt. II. Bd. 12, S. 221.

Tauschwaren in die Wohnung trägt, denkt sie an ihren verschwundenen Liebhaber Hermann Bremer:

> „(...) und da war sie auf der dunklen Treppe ins Stolpern gekommen. Klatsch. Drei Flaschen Ketchup waren kaputt (...). Ein roter Matsch. Und in dem Matsch auch noch das Currypulver aus der Dose (...)“ (S. 179).

Und gerade als sie sich den Kopf darüber zerbricht, „den denkbar schlechtesten Tausch ihres Lebens gemacht zu haben“ (ebd.), passiert das Unerhörte:

> „da leckte sie gedankenverloren an den verschmierten Fingern – leckte nochmals, hellwach, und nochmals, das schmeckte, das schmeckt, so, dass sie lachen musste, scharf, aber nicht nur scharf, etwas Fruchtigfeuchtscharfes, lachte über dieses Missgeschick, diesen schönen Zufall (...)“ (S. 180).

Einem kleinen Malheur im Treppenhaus, genauer gesagt, einem Stolperunfall verdankt Lena Brücker und mit ihr, ein wenig pathetisch formuliert, die Menschheit die Entdeckung der weltweit bekannten und geschätzten Currywurst. Wenn auch in der Realität eine andere Person, nämlich die Berlinerin Herta Heuwer (1913–1999) als Erfinderin der Currywurst in die Geschichtsbücher eingegangen ist[15], so ist Timms ästhetisch-literarisch überformte Currywurst-Fiktion an Kühnheit kaum zu übertreffen und erfüllt damit im novellentechnischen Verständnis den Anspruch einer „unerhörten Begebenheit“.

---

15 Herta Heuwer ließ die Currywurstsauce im Jahr 1959 als Patent schützen. Vgl. https://de.wikipedia.org/wiki/Herta_Heuwer [Stand: November 2015].

Das Reiterabzeichen

Wichtiges Symbol

Das silberne Reiterabzeichen gehört zu den wichtigsten (Ding-) Symbolen in der Currywurst-Novelle. Diese ganz und gar unmilitärische Auszeichnung erwirbt Bremer im Jahr 1939, als er nach einer „Grundausbildung" zu einer Standbatterie nach Sylt versetzt wird. Dort langweilt er sich, denn der Krieg findet woanders statt. Zum Glück gibt es im Ort einen Reitstall. Bremer meldet sich dort und legt später erfolgreich die Prüfung zum Reiterabzeichen ab. Bremer selbst nennt das Reiterabzeichen seinen „Glücksbringer" (S. 27). Und tatsächlich verhilft es ihm zum Posten des Seekartenexperten im Stab des kommandierenden Admirals von Norwegen (vgl. S. 17 und 27 f.). Umso mehr erstaunt es, dass Bremer seinen „Glücksbringer" zurücklässt, als er nach der Kapitulation Lena Brücker verlässt. Doch auch für Lena Brücker erweist sich das Reiterabzeichen als „Glücksbringer". Es verhilft ihr nämlich zum Startkapital, das sie für die Eröffnung ihrer Imbissbude dringend benötigt. Eine Freundin vermittelt ihr den Kontakt zu einem englischen Major, der „deutsche Orden und Ehrenzeichen" sammelt (S. 168), dem allerdings das Reiterabzeichen in seiner Kollektion noch fehlt. Das Geschäft mit dem englischen Major verläuft jedoch komplizierter, als Lena Brücker zuerst denkt. Der Major bietet ihr zwar viel Holz, insgesamt 24 Festmeter, an, doch weiß Brücker damit nichts anzufangen (S. 169), bis sie am Ende eines komplizierten „Ringtausch(s)" (S. 173) doch ihr Ziel erreicht. Als ihr statt des versprochenen Pflanzenöls eine Kilodose Currypulver angeboten wird, muss sie „an Bremer denken" und an seine Geschichte, wie Curry gegen Schwermut hilft, und meint, „dass sie alles ja für seinen Glücksbringer, dieses silberne Reiterabzeichen, bekam", und beschließt deshalb „gegen jeden ökonomischen Sinn und Verstand: Ich nehm den Curry." (S. 177 f.) Eine wichtige Voraussetzung für ihre Entdeckung ist damit geschafft.

Glücksbringer

Das Kreuzworträtsel

Leitmotiv

Um der Langeweile in der Wohnung von Lena Brücker zu entgehen, beginnt Hermann Bremer Kreuzworträtsel zu lösen, die er beim Durchblättern alter Illustrierten findet (vgl. S. 45). Dieser Tätigkeit geht Bremer wiederholt nach; sie übernimmt damit die Funktion eines Leitmotivs. Uwe Timm erläutert den Zusammenhang zwischen den Kreuzworträtseln und seiner Novelle so:

> „Sie [die Novelle, Y. M.] ist wie ein Kreuzworträtsel angelegt- und der Held, der Deserteur, der gerade kein Held ist, löst in seinem Versteck auch Kreuzworträtsel. Dessen Lösungsbuchstaben könnten ihm etwas über sein Schicksal verraten haben. Vielleicht hat er das auch verstanden und ist aufgestanden aus seinem Versteck und vor dieser Frau geflohen."[16]

Abbildung der eigenen Machart

Zunächst gilt es festzustellen, dass das Lösen von Kreuzworträtseln die Machart der Novelle selbst abbildet, die zwischen der Rahmenerzählung und der Binnenerzählung hin und her wechselt. Wie die verschiedenen Lösungswörter überkreuzen sich auch Rahmen- und Binnenerzählung.

Widerspiegelung der eigenen Situation

Besonders aufschlussreich ist aber – und darauf verweist der Autor selbst –, dass sowohl das Lösen der Kreuzworträtsel als auch die verschiedenen Lösungswörter Hinweise auf Bremers Situation in der Wohnung Lena Brückers geben. Die Tatsache, dass er das gesuchte Lösungswort meist nicht oder nicht sofort findet, spiegelt seine Unwissenheit hinsichtlich der Situation draußen. Er weiß nicht, dass der Zweite Weltkrieg längst vorbei ist. Dennoch ist der Autor bemüht, mittels verschiedener Kreuzworträtsel der Figur Hin-

---

16 *Ein Werkstattgespräch mit Uwe Timm.* In: Durzak/Steinecke, S. 347.

weise an die Hand zu geben. Allerdings findet Bremer die versteckten Botschaften nicht bzw. missversteht sie:

Pegasus

> „Bremer starrte auf das Kreuzworträtsel. Pferd mit Flügeln. Sieben Buchstaben. Sonnenklar. Er blickte hoch, endlich, sagte er, endlich ist Churchill aufgewacht. Jetzt, sagte er und stand auf, gehts gegen die Russen. Ein Verhandlungsfriede mit dem Westen, sonnenklar, sagte er schon wieder. Sie verstand nicht." (S. 93)

Bremer hätte das Lösungswort „Pegasus" finden müssen, um Näheres über sein Schicksal erfahren zu können. Pegasus ist in der griechischen Mythologie ein geflügeltes Pferd; die Hippokrene, die Quelle der Musen, entstand durch seinen Hufschlag. Auf die Situation Bremers übertragen, bedeutet das, dass Lena Brückers Berichte nur ihrer Fantasie entspringen und mit der Realität nichts zu tun haben; sie präsentiert ihm eine erdichtete Welt, die er weiterspinnt.

Am 1. Mai, am Tag der Bekanntgabe von Hitlers Tod, beginnt Bremer

Odyssee

> „ein neues Kreuzworträtsel zu lösen. Eine Stadt in Ostpreußen, sechs Buchstaben: Tilsit. Die Stadt gab es schon nicht mehr. Eine literarische Gattung mit N. am Anfang und sieben Buchstaben. Wusste er nicht. Ein griechischer Dichter mit H, fünf Buchstaben? Homer. Hin und wieder ging er zum Fenster und blickte hinunter." (S. 72)

Auch der Umgang mit diesem Rätsel verrät einiges über Bremers Situation: Er ist unruhig und unkonzentriert. Aufschlussreich ist die Tatsache, dass er zwar nicht das Lösungswort für die literarische Gattung mit „N" findet („Novelle"), dafür aber den Namen des

Dichters Homer. In seinem Epos *Odyssee* erzählt Homer von den Irrfahrten des Odysseus, der nach einem zehnjährigen Krieg um Troja weitere zehn Jahre braucht, um nach Hause zurückzukehren, wo seine Frau und seine Kinder auf ihn warten (hier vergleichbar mit Bremer, auf den auch Frau und Kind warten, während er sich in Lena Brückers Wohnung aufhält). Als Strafe der Götter verbringt Odysseus die meiste Zeit während seiner Rückfahrt (knapp sieben Jahre) auf der Insel Kalypso. Hier versucht die Tochter des Atlas, die ihn liebt, ihn bei sich zu behalten, vergleichbar mit Lena Brücker, welche die Wahrheit über das Kriegsende immer wieder aufschiebt, um Bremer noch länger bei sich zu behalten. Eine weitere wichtige Anspielung auf Homers *Odyssee* bezieht sich auf den Namen Kirke, der als Lösungswort im Kreuzworträtsel versteckt ist und auf den Bremer nicht kommt: „Griechische Zauberin. Fünf Buchstaben. Erster Buchstabe ein K. Wusste er nicht." (S. 140) Bei Homer wird Odysseus von Kirke, einer Zauberin, umgarnt, die gleichzeitig einige seiner Männer in Schweine verwandelt.

Auch Odysseus wird von einer Frau aufgehalten

Kirke

Die Warnbotschaften, die der Autor durch diese und weitere Anspielungen an seine Figur sendet, kommen bei Bremer also nicht an; sie bleiben ihm verborgen, weil er die Lösungswörter, die diese Botschaften transportieren, nicht findet. Deshalb bleibt ihm die Lage, in die er sich begeben hat, vorerst ein Rätsel. Hans-Georg Schede schreibt dazu: „'Homer' und 'Kalypso', 'Ingwer', 'Rose' und 'Kapriole' hätten Bremer (...) eventuell zum Anlass dienen können, seine Situation zu reflektieren."[17]

Versteckte Warnungen des Autors an seine Figur

Das tut er erst, als Lena Brücker damit aufhört, ihm Dichtung als Wahrheit zu verkaufen. Vergleichbar mit Odysseus, dem es nach sieben Jahren gelingt, dem goldenen Käfig der Tochter des Atlas zu entschlüpfen und in See zu stechen, verlässt Hermann Bremer Lena

---

17 Schede, S. 79.

Brücker, sobald er die Wahrheit erfährt. Auch gelingt es ihm offenbar doch noch, das Lösungswort für die literarische Gattung mit N als Anfangsbuchstaben zu finden: „Novelle" (S. 187). Parallel dazu gelingt es auch dem Ich-Erzähler, das Rätsel um die Entdeckung der Currywurst zu lösen: Er findet den Beweis, das Originalrezept, das ihm Lena Brücker vermacht.

Der Strickpullover

„Ich habe sie [Lena Brücker] dann doch noch getroffen. Sie saß am Fenster und strickte." (S. 13) Schon bei seinem ersten Besuch im Seniorenheim findet der Ich-Erzähler Frau Brücker strickend vor. Und diese Strickarbeit begleitet beide bis zum letzten Besuch des Ich-Erzählers.

Pullover als Leitmotiv

Während Frau Brücker dem Ich-Erzähler von ihrem Leben kurz vor und unmittelbar nach der Kapitulation erzählt, strikt sie einen Pullover, den sie ihrem Urenkel schenken möchte. Dieser Pullover stellt ein wichtiges Leitmotiv der Novelle dar: Seine Entstehung entspricht der Entstehung der Binnenerzählung der Novelle. Hierbei hält Frau Brücker die Fäden sowohl im metaphorischen als auch im praktischen Sinn in der Hand.

Strickfäden und Erzählfäden

Auffällig ist, dass sie zum Stricken des Pullovers verschiedenfarbige Fäden verwendet. So wie sich diese durch den Strickpullover ziehen und ein Muster, eine Landschaft bilden, so entsteht auch ihre Erzählung innerhalb der Binnenerzählung aus verschiedenen Erzählfäden. Charakteristisch ist, dass sie die Fäden ihrer Strickwolle genauso häufig wechselt wie die „Fäden" ihrer Erzählung: „Sie lachte, ließ den blauen Faden fallen, nahm den grünen vorsichtig über den Finger." (S. 133) Der permanente Wechsel der Fäden bzw. der Erzählepisoden ist der Grund, weshalb der Ich-Erzähler ihr schließlich die Frage stellt: „Wie halten Sie die Fäden auseinander, wollte ich wissen. Reihenfolge. Muss man sich merken. Reine Kopfarbeit. So bleibt man jung im Kopf." (S. 134) Tatsächlich verliert Frau Brücker den sprichwörtlichen roten Faden nicht, obwohl sie fast blind ist. Dies ist auch metaphorisch gemeint: Die Details ihrer Lebensgeschichte kennt sie genau und geht bei ihrer Erzählung auffällig selektiv vor. Und vor allem macht sie dem Ich-Erzähler damit deutlich, dass sie ihre Strickkunst beherrscht:

„Ein kleines Strickkunstwerk"

> „Das Vorderteil eines Pullovers für ihren Urenkel entstand vor meinen Augen, ein kleines Strickkunstwerk, eine Wolllandschaft, und hätte mir jemand erzählt, das sei das Werk einer Blinden, ich hätte es nicht geglaubt." (S. 15)

Die Souveränität, welche die alte Dame bei ihrer Strickarbeit walten lässt, manifestiert sich ebenfalls in ihrer Erzählkunst:

> „Sobald ich sprach, korrigierte sie den Blick und sah mir manchmal in die Augen. Ich wollte nur etwas fragen. Ob ich das richtig in Erinnerung hätte, dass sie kurz nach dem Krieg die Currywurst erfunden habe." (S. 14)

Freie Zeit als Voraussetzung

Von diesem Augenblick an beginnt Frau Brücker, mit dem Ich-Erzähler und seiner Neugier zu spielen, wie auch an ihrer Antwort abzulesen ist. Nachdem sie die Frage des Ich-Erzählers zuerst verneint hat, gibt sie wenig später zu, tatsächlich die Currywurst erfunden zu haben, und macht dabei gleich folgende erzählstrategische Einschränkung: „Is ne lange Geschichte, sagte sie. Musste schon n bisschen Zeit haben." (S. 15) Mit dem Zeitargument dreht sie die Situation zu ihren Gunsten um, denn eigentlich ist der Ich-Erzähler derjenige von beiden, der wenig Zeit hat. Aber Frau Brücker eröffnet sich durch ihren Hinweis die Möglichkeit, eine episodenreiche Geschichte zu erzählen, die mit dem langsamen Entstehen des

Strickpullovers parallelisiert: „Aber so weit sind wir ja noch nicht, sagte Frau Brücker. Sie hielt das Pulloverteil hoch. Die grüne Tanne breitete schon ihre Zweige in das Blau des Himmels." (S. 115) Auffällig ist zudem, dass Frau Brücker den Ich-Erzähler in die Strickarbeit einbezieht, genauso wie sie ihn in die Erzählung einbezieht. So lässt sie ihn ausgerechnet am wichtigsten Punkt ihrer Geschichte ein heruntergefallenes Wollknäuel aufheben: „Musste bitte aufwickeln, aber richtig, dass es nicht verheddert." (S. 170) Und damit meint Frau Brücker wohl im metaphorischen Sinn ihre facettenreiche Lebensgeschichte, die sie dem Ich-Erzähler anvertraut hat.

Spiel mit Gattungsregeln

Betrachtet man die bisherigen Ausführungen, so fällt auf, dass Uwe Timm es meisterhaft versteht, mit den Gattungsregeln zu spielen. Seine Novelle bildet zugleich einen gattungs- wie selbstreferenziellen Text, den Albert Meier mit Recht als „ein selbstparodistisches Spiel mit den bekannten Strukturgesetzen der Gattung" charakterisiert. Weiter heißt es:

> „(...) der ironische Umgang des Autors mit den Regeln der Novellistik (wird) deutlich. Darf die 'unerhörte Begebenheit' im poetisch erfundenen Ursprung der Currywurst gesehen werden, den die Erzählung davon für das Publikum entdeckt, kommt als 'Wendepunkt' Bremers Verschwinden ebenso in Frage wie der nicht viel spätere Hinauswurf von Lena Brückers zurückgekehrtem Ehemann oder die historisch stimmige Besetzung Hamburgs durch britisches Militär. Nicht weniger im Ungewissen bleibt der zumindest für das deutsche Novellenverständnis des 19. Jahrhunderts unverzichtbare 'Falke', (...) für den hier vorzüglich der Curry (...) oder das an einem Matrosen wie Bremer frappierende Deutsche Reiterabzeichen stehen können, ebenso aber die

Zeltplane aus Bremers Marschgepäck, die der Imbissbude noch auf Jahrzehnte Schutz vor Regen bietet."[18]

Selbstreflexive Novelle

Festzuhalten ist: Uwe Timms *Die Entdeckung der Currywurst* stellt nicht nur aufgrund der Wiedererkennbarkeit bekannter Merkmale eine Novelle dar. Die Besonderheit dieses Textes liegt in seiner literarischen Selbstreflexivität: Über den Umweg der Schilderung eines privaten Glücks im kollektiven Unglück sensibilisiert der Text den Leser für die Frage nach dem Wesen, den Strukturmerkmalen und der Funktion dieser Gattung.

Erzählebenen und Erzählperspektiven

Zwei Zeitebenen

Timms Novelle umfasst zwei Zeitebenen. Die erste Erzählebene spielt im Wesentlichen Ende der 1980er Jahre. Hier bemüht sich der Ich-Erzähler, von Frau Brücker zu erfahren, wie ihr die Erfindung der Currywurst gelungen ist. Die zweite Erzählebene liegt weiter in der Vergangenheit zurück. Sie umfasst die letzten Tage des Aprilmonats des Jahres 1945 sowie die Zeit unmittelbar danach. Doch diese Zeitebenen stehen nicht bloß nebeneinander im Text, sondern sie werden durch einen erzähltechnischen Kunstgriff zueinander in Beziehung gesetzt.

Frau Brücker als Brückenbauerin

Frau Brücker ist – wie ihr Name schon sagt – das personifizierte Bindeglied zwischen den beiden Zeitebenen. Dadurch, dass sie ihre Lebensgeschichte in der Vergangenheit durch den Akt des Erzählens in die Gegenwart übersetzt, baut sie eine „Brücke" zwischen ihrer und der Generation des Ich-Erzählers. Allerdings ist der Ich-Erzähler nicht vollkommen von der Vergangenheit abgekoppelt. Er hat eigene (Kindheits-)Erinnerungen an jene Zeit. Wenn der Ich-Erzähler etwa sagt: „Das ist meine Erinnerung (…)" (S. 10), so be-

18 Meier, S. 184.

zieht sich dieser Satz auf seine eigene Kindheit, wartet aber noch auf eine Beglaubigung durch Frau Brücker: „Kennste die Geschichte mit m Knüppel? Nein, log ich, um sie noch mal aus dem Mund von Frau Brücker zu hören." (S. 102) Der Ich-Erzähler figuriert hier als Ethnologe, der sich mit der Methode der teilnehmenden Beobachtung an die Wahrheit herantastet (vgl. S. 66 dieser Erläuterung), was dem Überlieferten einen hohen Grad an Authentizität verleiht.

Durch solche erzählstrategischen Kunstgriffe werden beide Zeitebenen in ein dynamisches Verhältnis zueinander gesetzt. Dies manifestiert sich in den häufigen Wechseln zwischen den Erzählebenen. Diese Wechsel zeigen Ähnlichkeiten mit der Strickarbeit, die Frau Brücker nebenbei verrichtet, während sie ihre Lebensgeschichte erzählt. Plastisch lässt sich dies an folgender Szene veranschaulichen, in der beide Erzählebenen ineinander verwoben werden:

Verwobenheit der Erzählebenen

> „Aber jetzt war er [Hermann Bremer; Y. M.] munter. Eine Generalamnestie. Mann, sagte er, Mann in der Tonne. Endlich. Und an dem Tag wollte sie [die 43-jährige Lena Brücker; Y. M.] ihm auch etwas ganz Besonderes kochen, was Kräftiges. Ordentlich Eier. Brauchte er, sagte sie [die alte Frau Brücker im Heim; Y. M.], er war ja auch mächtig rangenommen worden. Sie lachte, ließ den blauen Faden fallen, nahm den grünen vorsichtig über den Finger." (S. 133)

Und genauso verfährt auch der Ich-Erzähler: Immer wieder wird eine Erzählebene plötzlich „fallengelassen", um eine andere wieder aufzunehmen, die zuvor „fallengelassen" worden ist. Weil dieses Verfahren nicht nur von Frau Brücker, sondern auch vom Ich-Erzähler angewandt wird, nimmt die Erzählung mitunter eine verzweigte und verzwickte Form an.

So wie die beiden Zeitebenen der Novelle wechselt auch die Erzählperspektive. Dabei lassen sich grob zwei Perspektiven voneinander unterscheiden: Zum einen die Gegenwartsperspektive, die aus der Sicht des Ich-Erzählers vermittelt wird. Sie entspricht der Rahmenerzählung. Allerdings: Wenn der Ich-Erzähler Frau Brücker sagen lässt, „wenn der Bremer damals nicht gewesen wäre, vielleicht wäre ich dann heute in England, in irgend so einem Altenheim mit Efeu an den Mauern“ (S. 143), dann lässt er sie auch an der Rahmenerzählung teilhaben, so dass es zu einer Überlagerung der Perspektiven kommt.

Wechselnde Erzählperspektive

Zum anderen handelt es sich um den Blick aus der Vergangenheit, wobei der Ich-Erzähler Frau Brücker auftreten und ihm die Geschichte von der Entdeckung der Currywurst erzählen lässt. Hierbei nimmt die Liebesgeschichte zwischen der Frau und dem Soldaten den meisten Raum ein. Allerdings ist der Originalton, der Lena Brücker an solchen Stellen zugeschrieben wird, vorgetäuscht. Er wird, ebenso wie die Figur Lena Brücker und ihre Erzählung, durch den Ich-Erzähler inszeniert. Auch ihre Perspektive ist eine, die erst durch den vorgeschobenen Filter des Ich-Erzählers beim Leser ankommt. Man muss diese Perspektive aus der Vergangenheit als das Ergebnis eines besonderen erzähltechnischen Konstrukts ansehen. In jedem Satz der Lena Brücker steckt auch der Ich-Erzähler mit drin. Mitunter kommt es sogar zu einer Vermischung bzw. einem Wechsel beider Perspektiven innerhalb eines Satzes:

Inszenierter Originalton

> „Bremer legte das Album aus der Hand, während ich später noch weiter darin herumblätterte, die Kinder von Frau Brücker betrachtete, der Junge in HJ-Uniform, zuletzt in der Uniform eines Flakhelfers.“ (S. 75)

Wechsel sogar innerhalb einzelner Sätze

Auktoriales Auftreten des Ich-Erzählers

Diese Erzählgestaltung ist dem Umstand zuzuschreiben, dass Ich-Erzählerbericht und Figurenrede durch denselben Ich-Erzähler konfiguriert werden. Der Ich-Erzähler tritt deshalb an manchen Stellen auktorial auf. Das zeigt sich beispielsweise, wenn er die Gedanken Bremers mitteilt, ohne ihn je getroffen zu haben, und die ihm auch Frau Brücker im Heim nicht mitteilen konnte:

> „Zwar sagte er sich, das ist nicht fein, was du da machst, aber dann dachte er, es wäre nützlich, einen Atlas zu haben, (…) und das war der Grund, auch im Wohnzimmerschrank mit einem weniger schlechten Gewissen weiterzusuchen." (S. 73)

An solchen Passagen wird der Leser daran erinnert, dass die Novelle trotz zahlreicher Bezüge zur Realität und der Suggestion einer Gewährsfrau namens Frau Brücker eine Fiktion ist und bleibt.

3.4 Personenkonstellation und Charakteristiken

ZUSAMMEN-FASSUNG

Die wichtigsten Personen der Novelle sind:

Der Ich-Erzähler:
→ ähnelt dem Autor Uwe Timm,
→ hat seine Kindheit in Hamburg verbracht,
→ will wissen, ob Frau Brücker die Entdeckerin der Currywurst ist,
→ lässt sich von Frau Brücker ihre Lebensgeschichte erzählen.

Lena Brücker:
→ zur Zeit der Binnenhandlung 43 Jahre alt,
→ leitet zusammen mit Holzinger eine Kantine,
→ leistet subtilen Widerstand gegen das NS-Regime,
→ versteckt einen jungen Soldaten, der ihr Liebhaber wird,
→ ist in Timms Roman die Entdeckerin der Currywurst.

Hermann Bremer:
→ Bootsmann, bei Kriegsende 24 Jahre alt,
→ wird der Liebhaber von Lena Brücker,
→ begeht Fahnenflucht und muss sich verstecken,
→ träumt aber weiter von einem Sieg über die Sowjetunion,
→ verlässt Lena Brücker, als er von der Kapitulation erfährt.

Willi (Gary) Brücker
→ verschwundener Ehemann von Lena Brücker,
→ früherer Barkassenführer,
→ Frauenheld und Schmuggler,
→ wird nach seiner Rückkehr bald wieder vor die Tür gesetzt.

Holzinger:
→ früherer Saucenkoch beim Reichssender,
→ leitet zusammen mit Lena Brücker eine Kantine,
→ sabotiert das Essen der NS-Parteifunktionäre.

Lammers:
→ Einzelgänger und Nazi,
→ gefürchteter Block- und Luftschutzwart,
→ schikaniert und schüchtert seine Nachbarn ein,
→ erhängt sich bei Kriegsende.

Wichtige Nebenpersonen sind Dr. Fröhlich, Frau Eckleben und der Zivildienstleistende Hugo.

Überschaubares Personal

Das Figurenensemble der Novelle ist überschaubar. Es beschränkt sich im Wesentlichen auf den Bekanntenkreis Lena Brückers. Sie und der Bootsmann Hermann Bremer werden durch die Darstellung des Ich-Erzählers, der selbst eine exponierte Stellung einnimmt, ins Zentrum des Geschehens gestellt.

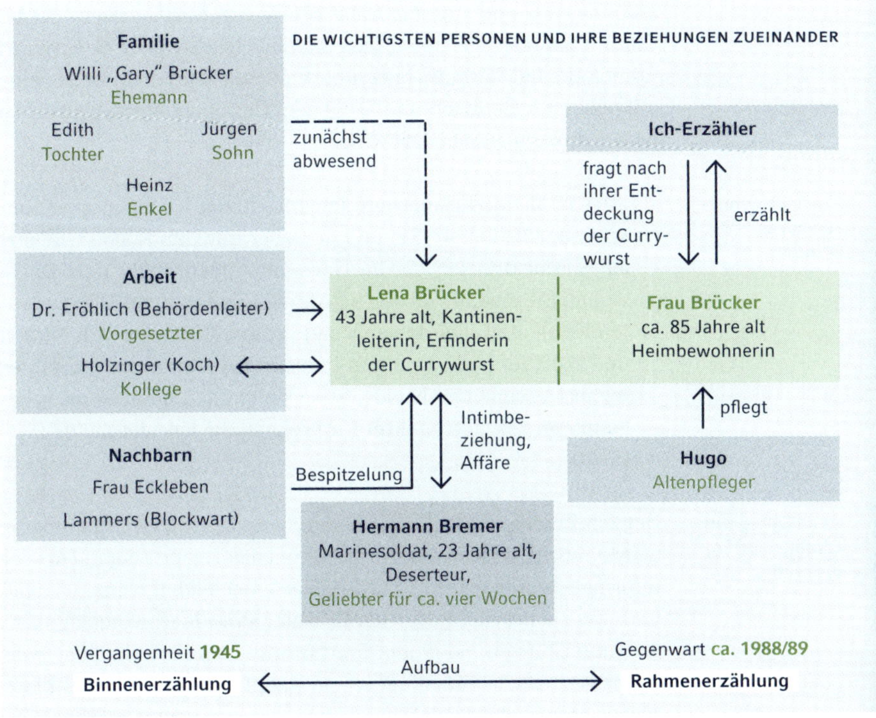

Der Ich-Erzähler

Ähnlichkeiten zum realen Autor

Der Ich-Erzähler der Novelle weist Ähnlichkeiten mit dem realen Autor auf: Wie Uwe Timm ist der Ich-Erzähler gebürtiger Hamburger (vgl. S. 7), wie der Autor stammt er aus einer Kürschnerfamilie (vgl. S. 173 f.) und lebt später in München (vgl. S. 8), ist verheiratet und Familienvater (vgl. S. 152). Allerdings darf der Ich-Erzähler dennoch nicht mit dem Autor verwechselt werden. Denn die Novelle ist keine verkappte Autobiografie Timms (vgl. S. 107 dieser Erläuterung). Charakteristisch ist, dass sich der Ich-Erzähler als eine Art Ethnologe und Chronist präsentiert, dessen Vorgehensweise, eine teilnehmende Beobachtung[19], mit dem Geschichtenerzählen durch Frau Brücker parallelisiert wird:

Kindheitserinnerungen an Frau Brücker

> „Das ist meine Erinnerung: Ich sitze in der Küche meiner Tante, in der Brüderstraße, und in dieser dunklen Küche (...) sitzt auch Frau Brücker, die im Haus ganz oben, unter dem Dach, wohnt. Sie erzählt von den Schwarzmarkthändlern, Schauerleuten, Seeleuten, den kleinen und großen Ganoven, den Nutten und Zuhältern, die zu ihrem Imbissstand kommen. Was gab es da für Geschichten. Nichts, was es nicht gab. Frau Brücker behauptete, das läge an ihrer Currywurst, die löse die Zunge (...)" (S. 10).

Ist abhängig vom Erzähltempo Frau Brückers

Der Ich-Erzähler will „herausfinden, wie die Currywurst entdeckt wurde." (S. 121) Doch nicht er bestimmt das Tempo oder die Art der Informationen, sondern Frau Brücker entscheidet, wann, wie viel und was sie preisgibt. Der Ich-Erzähler stößt hierbei gelegentlich an seine Grenzen: So deutet Frau Brücker dem Ich-Erzähler zwar an, dass sie auch einmal mit einem Knöpfevertreter namens Klaus Meyer eine Liebesbeziehung hatte, verweigert ihm aber weitere Details: „Wer ist das, fragte ich. Das is, sagte Frau Brücker, ne andere Geschichte. Hat nix mit der Currywurst zu tun." (S. 93)

Rolle als Erzähler

Doch nimmt sich der Ich-Erzähler das Recht heraus, Leerstellen ihrer Erzählung mit Informationen zu füllen, ohne dass er über ihre Herkunft Rechenschaft gibt (so schildert er etwa die Gedanken

---

19 Teilnehmende Beobachtung ist eine Methode der Feldforschung in den Sozialwissenschaften, wobei der Forscher in Interaktion mit den Personen, die das Forschungsobjekt darstellen, tritt.

des Blockwarts Lammers, die weder Frau Brücker noch der Ich-Erzähler kennen können, vgl. S. 63). Außerdem erklärt er gleich zu Beginn, dass er „auswählen, begradigen, verknüpfen und kürzen muss" (S. 16). Und an manchen Stellen tritt er sogar als allwissend auf: „An dieser wie auch an anderen Linien sollte es nicht mehr zum Endkampf kommen (...). / Das konnte Bremer aber nicht wissen." (S. 41) Dieser **Wissensvorsprung gegenüber den Figuren** zeigt sich auch bei der darauf folgenden Charakterisierung der paradoxen Situation, in der sich der desertierte Soldat Hermann Bremer befindet. „Bremer hatte Angst; er hatte Angst, bei Lena Brücker zu bleiben, und er hatte Angst an die Front zu gehen." (ebd.)

Ambivalente Stellung als Ich-Erzähler

Die Tatsache, dass der Ich-Erzähler zum einen auf die Erzählung von Frau Brücker angewiesen ist, zum anderen aber die verschiedenen Figuren in einem bestimmten Licht erscheinen lässt, macht die ambivalente Stellung der Ich-Erzählerfigur in Timms Novelle sichtbar. Spannend für den Leser ist jedenfalls die Beobachtung, dass der Ich-Erzähler davon berichtet, wie Bremer in der Wohnung Lena Brückers herumschnüffelt, obwohl es klar ist, dass Bremer seiner Gastgeberin und Geliebten nichts davon erzählt haben kann, es sich hierbei also um eine der Fantasie des Ich-Erzählers entsprungene Szene handelt.

Aufgabe des Lesers

Für die Lektüre des Textes bedeutet das, dass der Leser permanent gefordert ist, sich die Subjektivität des Erzählten bewusst zu machen. Er muss ständig entscheiden, wann er dem Ich-Erzähler restlos Glauben schenkt und wann er ihm die Gefolgschaft verweigert.

Lena Brücker

Kantinenleiterin und Mutter

Neben dem Ich-Erzähler steht Lena Brücker im Zentrum der Novelle. Zum Zeitpunkt ihrer kurzen, aber intensiven Beziehung mit

Hermann Bremer im April/Mai 1945 ist sie 43 Jahre alt (vgl. S. 34). Sie ist Mutter zweier Kinder, einer 20-jährigen Tochter, die als Arzthelferin in Hannover arbeitet, und eines 16-jährigen Sohnes, der bei der Flak im Ruhrgebiet eingesetzt ist (vgl. S. 32). Die gelernte Täschnerin (vgl. S. 33) entstammt einer sozialdemokratischen Familie (vgl. S. 109) und leitet bei Kriegsende die Kantine in der Lebensmittelbehörde (vgl. S. 29).

Kriegsgegnerin

Bereits bei ihrer ersten Unterhaltung mit Bremer erfährt der Leser, dass sie Pazifistin ist. Sie zeigt wenig Interesse an den Kriegsgeschichten, die Bremer ihr zu Beginn stolz erzählt: „Heldentaten interessierten sie nicht, schon früher nicht, und schon gar nicht mehr nach fünf Kriegsjahren." (S. 28) Sie wird vom Ich-Erzähler als konsequent vorgestellt: „Und was sie sich vornahm, so gut hatte sie sich in vierzig Jahren kennengelernt, das tat sie denn auch." (S. 145) Diese Charakterisierung lässt sich an ihrem Umgang mit ihren Mitmenschen verifizieren. Auffällig ist zum einen ihre **Risikobereitschaft**, „denn wer Deserteure versteckte, wurde erschossen oder gehenkt." (S. 46) Zum anderen möchte sie aber den jungen Soldaten, den sie bei sich versteckt, so lange wie möglich als Geliebten für sich haben, auch wenn sie keine Zukunft mit ihm plant: „Hab nicht gedacht an die Zukunft, an Zusammenleben, an Heiraten sowieso nicht – verheiratet war ich ja noch. Zusammenzusein, mehr nicht, aber auch nicht weniger." (S. 60) Um diesen (egoistischen) Wunsch zu realisieren, verschweigt sie ihm die Nachricht, dass der Krieg vorbei ist.

Mutig und egoistisch

Widerstand im Alltag

Auffällig bei der Figur Lena Brücker ist ihre ganz besondere Form des Widerstands gegen das NS-Regime. Dieser Widerstand zeigt sich beispielsweise darin, dass sie bewusst das Schweigegebot im Umgang mit verdächtigen Personen bricht. So erzählt sie ihrem Kollegen Holzinger, dass sie von der Gestapo über ihn befragt worden ist, obwohl ihr die Gestapo-Beamten eben das verboten haben (vgl. S. 54). Zu erwähnen ist natürlich auch ihre **Sympathie für Deserteure**: „Hätte jedem geholfen, der nicht mehr mitmachen wollte. Einfach versteckt. Ist ja das Kleine, was die Großen stolpern lässt.“ (S. 102) Diese **pazifistische und regimekritische Haltung** und vor allem ihren Mut scheint Lena Brücker auch von der Großmutter des Ich-Erzählers gelernt zu haben: „Deine Großmutter, die war mutig. Die hat mal eingegriffen.“ (S. 102) Das bewundernswerte Verhalten dieser Großmutter, die „sich nie für Politik interessiert(e)“ (S. 103), aber dennoch „eine so resolute Frau war“ (ebd.), wie sich der Ich-Erzähler erinnert, veranschaulicht Lena Brücker an einem Vorfall im Juli 1943 in Hamburg:

Vorbild: die Großmutter des Ich-Erzählers

> „Russische Kriegsgefangene schaufelten im Alten Steinweg den Schutt von der Straße, verhungerte Gestalten, die Köpfe rasiert. Sie wurden von lettischen SS-Soldaten mit Gummiknüppeln zur Arbeit angetrieben. Da ging die Großmutter, den Stahlhelm wie einen Einkaufskorb am Arm hängend, auf einen prügelnden lettischen SS-Mann zu und nahm dem Verdutzten den Knüppel aus der Hand. Viele waren Zeuge. Jetzt reichts, hatte sie gesagt. Sie war dann einfach weitergegangen, und niemand wagte sie anzufassen.“ (S. 103)

Widersetzt sich Lammers

Diesem Beispiel folgend findet Lena Brücker als einzige Bewohnerin ihres Wohnhauses den Mut, sich gegen die Schikanen des Blockwarts zur Wehr zu setzen. Als Lammers in ihrer Wohnung nach Beweisen dafür sucht, dass sie dort einen Deserteur versteckt, verliert sie am Ende die Geduld und wirft ihn aus der Wohnung: „Raus, sagte Lena Brücker, sofort raus, aber dalli. Sie warf die Wohnungstür hinter ihm zu, traf noch die Hacke seine orthopädischen Stiefels.“ (S. 65) Die Parallele zur Großmutter des Ich-Erzählers wird augenfällig. Allein Lena Brücker, „der man einen Schleswig-Hol-

Blockwart Lammers ist misstrauisch © Tom Trambow

steiner Dickkopf nachsagte“ (S. 69), wagt es, Lammers und damit dem System, für das er stellvertretend agiert, die Stirn zu bieten. Das zeigt sie Lammers auch gleich nach der Kapitulation Hamburgs: „So, und jetzt geben Sie mal den Wohnungsschlüssel her. Einen Luftschutzwart brauchen wir ja nun nicht mehr.“ (S. 92)

Obwohl sie durch das Verstecken eines Deserteurs ihr Leben riskiert, genießt Lena Brücker die Zeit mit Bremer. Der junge Deserteur erweist sich als **Garant für regelmäßigen und guten Sex** (vgl. S. 90 f., vgl. auch S. 132), ein seltener Luxus in Kriegszeiten. Lena Brücker sieht sich mit dem Problem von Frauen „um die Vierzig“ (S. 128) in ihrer Zeit konfrontiert, das sie so beschreibt:

„Man liegt zusammen und weiß, wenn der aufsteht und weggeht, dann gibts nur noch die fünfzig-, sechzigjährigen Männer. Und die träumen dann ja auch nur wieder von ner Jüngeren." (S. 128)

Dennoch verändert sich das Verhalten Lena Brückers Bremer gegenüber von dem Zeitpunkt an, als sie herausfindet, dass er ihr verschwiegen hat, dass er verheiratet und Vater eines neugeborenen Kindes ist: „(...) alles, was dann kam, wäre ohne sein Verschweigen so nicht gekommen." (S. 84) Allerdings fällt ihr ihr eigenes Verschweigen der Wahrheit nicht leicht, da sie ständig mit sich ringen muss, „nicht einfach mit der Wahrheit herauszuplatzen." (S. 91) Lena Brücker macht sich allerdings keine Vorwürfe wegen ihres Verhaltens. Im Gegenteil findet sie eine Erklärung dafür: „Ich denk, ich hab was verschwiegen, und er hat was verschwiegen: seine Frau und sein Kind." (S. 91) Diese Darstellung hält jedoch einer genauen Lektüre der Novelle nicht stand. Lena Brücker verschweigt nicht nur etwas, sondern sie sagt bei bestimmten Details um die deutsche Kapitulation auch aktiv die Unwahrheit: „Lammers ist als Luftschutzwart abgelöst worden. Er ist abgereist (...). Ich hab mir den Schlüssel zurückgeben lassen. Kann also keiner reinkommen." (S. 122) Mit dieser Lüge versucht Lena Brücker die 14 Tage bis zur Ankunft der amerikanischen Schiffe mit Hilfsgütern zu überbrücken.

Verschweigen und Lügen

Ist Lena Brücker eine Heldin? Vieles spricht dafür. Sie bildet eine wichtige Kontrastfigur zu Hermann Bremer – nicht nur deshalb, weil sie knapp zwei Jahrzehnte älter ist als er. Im Gegensatz zu Bremer, der als Soldat zwar Befehlen gehorchen muss, aber offenbar zumindest von der Legitimation des deutschen Krieges gegen Russland (und damit zumindest von diesem Teil der NS-Propaganda) auch persönlich überzeugt ist, lehnt Lena Brücker den Krieg und die NS-Politik, die zum Krieg geführt hat, ab. Dass sie einen fahnenflüch-

Lena Brücker – eine Heldin?

tigen Soldaten versteckt, zeigt ihren Mut und ihre Bereitschaft, für eine gute Tat ihr Leben zu riskieren. Schließlich lautet ihre Devise: „Man muss nein sagen können (…)“ (S. 103). Über ihre Hilfsbereitschaft gegenüber Bremer urteilt sie in der Erzählgegenwart so: „Is vielleicht das Beste, was ich gemacht hab, einen verstecken, damit er nicht totgeschossen wird und auch andere nicht totschießen kann.“ (ebd.) Die Bedeutung von Lena Brückers Hilfe wird auch vom Ich-Erzähler an anderer Stelle mit den Worten unterstrichen: „Sie hatte verhindert, dass er andere tötete, dass er möglicherweise getötet wurde.“ (S. 144) Dies wirkt sogar wie eine moralische Rechtfertigung für Lena Brückers egoistischen Umgang mit der Wahrheit.

Beispiel für eine gute Tat

Obwohl sie nur kurze Zeit mit Bremer zusammenlebt, markiert dessen Verschwinden eine Zäsur in ihrer Biografie:

Zäsur in ihrer Biografie

> „Es war eine kurze Zeitspanne gewesen, ein paar Tage nur, aber damit ging in ihrem Leben etwas endgültig zu Ende. Jugend konnte sie nicht sagen, denn jung war sie nicht mehr, nein, sie würde danach alt sein.“ (S. 89)

Rückkehr ihres Ehemannes

Nach dem Verschwinden Bremers und der Rückkehr ihres Ehemannes Willi („Gary“) Brücker führt sie zuerst wieder eine alltägliche, zeittypische Ehe mit ihrem Mann, wobei sie sich, zumal nach ihrer Entlassung als Kantinenleiterin, wieder in der Rolle der ihrem Mann untergeordneten, von ihm ausgenutzten Hausfrau wiederfindet. Als dieser immer wieder sturzbetrunken nach Hause (vgl. S. 157) kommt, denkt sie sich eine Ausrede aus, um Sex mit ihm zu vermeiden:

> „Nach drei Monaten begann sie sich herauszureden, sagte, dass sie Hefepilze habe. Die hatte sie mal gehabt, vor zehn Jahren, und

> plötzlich juckte es bei beiden, wenn sie miteinander schliefen. Da kam die Hand [von Willi bzw. Gary; Y. M.] nicht mehr." (S. 157)

Den endgültigen Schlussstrich zieht sie jedoch, als sie herausfindet, dass ihr Mann sie (wie bereits früher) mit einer anderen Frau betrügt. Sie findet zufällig bei ihm ein fremdes Stück Damenwäsche (vgl. S. 157 f.). Daraufhin setzt sie ihn vor die Tür. Von diesem Zeitpunkt an ist Lena Brücker für ihre Familie allein verantwortlich und macht sich mit einer Imbissbude selbstständig. Zufällig entdeckt sie das Rezept für die Currywurst. Auf eine neue Beziehung lässt sie sich in der Nachkriegszeit offenbar nicht mehr ein.

Eine Frau macht sich selbstständig

Hermann Bremer

Der 24 Jahre alte Bootsmann hat gerade einen Heimaturlaub bei seiner Familie in Braunschweig hinter sich und dabei seinen knapp einjährigen Sohn zum ersten Mal gesehen (vgl. S. 17 u. 74). Nun befindet er sich auf dem Weg in die Lüneburger Heide, wohin er kurzfristig und überraschend für den „Endkampf" (S. 17) beordert worden ist; er rechnet sich für diesen vermutlich letzten Einsatz nur geringe Überlebenschancen aus. In Hamburg wird er nach einer Liebesnacht mit Lena Brücker, die er am Abend zuvor zufällig kennengelernt hat, fahnenflüchtig. Bremer ist aber nicht nur ein Deserteur, sondern zugleich auch ein pflichtbewusster, auf seinen Kriegseinsatz stolzer Soldat. Zumindest seine Berichte über Fronterlebnisse vermitteln diesen Eindruck:

Stolzer Soldat und Deserteur

> „Einmal kam ein Bomber. Dachten schon, nun ist es aus. Wenn der Torpedos wirft. Aber der hatte nur Bomben. Hab ich mit der Zwokommazwo-Flak draufgehalten. Treffer. Ist abgeschmiert." (S. 28)

Muss seinen Tod erwarten

Allerdings bestätigt sein Verhalten nach der ersten Nacht mit Lena Brücker diesen ersten Eindruck nicht. Eher das Gegenteil tritt ein:

> „Er [Bremer; Y. M.] ging durch die Wohnung (...), blickte (...) aus den Fenstern auf die dunkle Straße hinunter, von der man nur ein kurzes Stück sehen konnte. (...) Er stand da, starrte in die Dunkelheit und dachte daran, wie sie ihn in den letzten beiden Tagen in das Panzerfaustschießen eingewiesen hatten." (S. 37)

Die sich hier abzeichnende wenig zuversichtliche Haltung schlägt in ein Umdenken um:

Eine verführerische Alternative

> „Komm, sagte sie, als er zurückkam, und streckte ihm die Hand entgegen. Bremer zog sich Hose, Hemd und Unterhemd aus, ergriff die hingestreckte Hand und stieg in das schaukelnde Bett. So wurde er, Hermann Bremer, ein Bootsmann, fahnenflüchtig." (S. 39)

Hier vollzieht sich ein entscheidender Wandel im Leben des Soldaten Hermann Bremer, denn „(mit) jedem Kreisen des Sekundenzeigers auf dem Leuchtziffernblatt seiner Uhr entfernte er sich, den Kopf auf Lena Brückers Schulter gebettet, weiter von der Truppe, ließ Kameraden im Stich (...)" (S. 40). An die Stelle des Heroischen tritt die Existenzangst, denn

Ausweglose Situation

> „(e)r hatte diese Wahl: zu desertieren und dann möglicherweise wegen Fahnenflucht von den eigenen Leuten an die Wand gestellt zu werden oder an die Front zu gehen und dann von einem englischen Panzer zerfetzt zu werden." (S. 41)

Ein weiteres Motiv, das Bremer Fahnenflucht begründet, ist die Absurdität des Kriegs. Der Ich-Erzähler spricht dieses Motiv so aus:

Erkenntnis der Sinnlosigkeit seines Einsatzes

> „Wenn er [Bremer] sich genau prüfte, war es ja nicht nur die Angst vor den Panzern, vor den Engländern gewesen, sondern er war geblieben, weil ihm an jenem verregneten kalten Morgen, neben Lena liegend, die Hand auf ihrem warmen weichen Brustkissen, der Gedanke aufzustehen, in ein nasskaltes Erdloch zu steigen und sich totschießen zu lassen, so ganz und gar abwegig, ja pervers erschienen war.“ (S. 118)

Ängstlich, feige, untreu

In seinem Verhältnis zu Lena Brücker lässt Hermann Bremer zwei wichtige Charaktereigenschaften erkennen. Die Tatsache, dass er sich aufgrund der Fahnenflucht „auf Gedeih und Verderb von dieser Frau (abhängig macht), die er erst seit ein paar Stunden kannte“ (S. 43), lässt ihn leichtsinnig und naiv erscheinen. Dass erkennt er auch selbst mit den Worten: „Ich bin in eine Richtung gegangen, und ich kann nicht mehr umkehren in dieser Dachwohnung.“ (ebd.) Kompensiert wird die Angst, „einer Frau in die Falle gegangen zu sein“ (S. 118), jedoch dadurch, dass sich Bremer Lena Brücker bis zum Schluss nicht wirklich öffnet, anfangs misstraut er ihr sogar regelrecht. Deshalb denkt er, als er zufällig einen Wagen mit SS-Soldaten vor dem Wohnhaus von Lena Brücker sieht, „dass sie (…) ihn bei der Polizei angezeigt habe (…)“ (S. 46). Bis zum Schluss verschweigt er ihr, dass er eigentlich verheiratet und Familienvater ist, seine Frau also mit ihr betrügt. Anderseits hilft er Lena Brücker im Haushalt, vertritt so gesehen also ein recht modernes Männerbild:

> „Die Küche war nie so tipptopp, sagte Frau Brücker, wie in der Zeit, als Bremer da oben saß. Die Töpfe waren nach Größe ineinandergestellt, die Griffe in einer Richtung übereinander. Die

Schüsseln nach Größe geordnet. Die Pfannen nicht nur abgewaschen, sondern mit Sand ausgescheuert. Die Holzbretter lagen wie Dachziegel gestapelt auf der Anrichte, die Messer gewetzt, blitzten an der Wand. Und sogar der Herd (...) war so blitzblank, dass sie noch ein Jahr später zögerte, den ersten Braten hineinzuschieben." (S. 113)

Als Soldat zeichnet sich Bremer durch einen ausgeprägten Ordnungssinn aus. In diesem Punkt unterscheidet er sich grundlegend von Lena Brücker. Das kann man auch an ihrer unterschiedlichen Einschätzung des Schwarzmarktes ablesen:

Ordnung und Disziplin als Werte

„Und während sie [Lena Brücker] die Holzingersche Graupensuppe aufwärmte, erregte sich Bremer darüber, wie Ordnung und Disziplin da draußen verfielen. Was ist denn daran so schlimm, fragte Lena vom Herd her, ist doch in all den Kriegsjahren unter der Hand gehandelt worden. Es gab doch immer Schwarzmarkt. Aber nicht so offen, so dreist unter freiem Himmel. Da unten steht ein Beinamputierter und bietet sein silbernes Verwundetenabzeichen an." (S. 127)

Neugierig und indiskret

Hier wird klar, dass Bremer mit dem Verlauf des Krieges nicht einverstanden ist. Auffällig ist ebenfalls, dass er neugierig auf das private Leben seiner Gastgeberin ist. So liest er beispielsweise ihre privaten Briefe (vgl. S. 75 f.), obwohl ihm bewusst ist, dass er sich damit nicht korrekt verhält. Erst später, als er den Geschmackssinn verliert, zeigt er, dass er auch zur Selbstkritik fähig ist (vgl. S. 138).

Der NS-Propaganda geht der erfahrene Marinesoldat nicht auf den Leim. Die Durchhalteparolen, die auch in den Zeitungen propagiert werden, korrigiert er nüchtern und desillusioniert: „Und hier, das sind keine Truppen mehr, alte Männer, Schreibstubenhengste, Militärmusiker, Hitlerjungen, Beinamputierte, mit denen ist kein Staat mehr zu machen.“ (S. 60)

Hofft auf eine Fortsetzung des Krieges gegen die Sowjetunion

Allerdings ist Bremer – im Gegensatz zu Lena Brücker – alles andere als ein Pazifist. Als Brücker ihm von Hitlers Tod erzählt, sagt er spontan und hoffnungsfroh: „Jetzt gehts gegen die Russen, zusammen mit den Amis und den Tommys.“ (S. 90) Er hofft unverdrossen auf einen deutschen „Endsieg“, auch wenn er selbst nicht mehr mitkämpft: „Verlieren wir den Krieg, verlieren wir unsere Ehre, sagte Bremer. Unsinn, auf die Ehre pfeif ich, sagte Lena Brücker.“ (S. 92) Dass eine Niederlage der Deutschen den Verlust ihrer Ehre bedeuten würde, glaubt auch der Blockwart Lammers (vgl. ebd.). Es fällt auf, dass das Verhältnis zwischen Lena Brücker und Bremer spätestens mit den deutlichen Zeichen der Kriegsniederlage allmählich an Intensität verliert. Bremer entwickelt eine Gier nach Informationen über den Kriegsverlauf. Da diese ihm aber nicht zur Verfügung stehen, wird er zunehmend ungeduldig: „Oben empfing sie Bremer, umarmte sie nicht, küsste sie nicht, sondern fragte: Hast du eine Zeitung?“ (S. 121) Dieses Verhalten zeigt eine deutliche Verschiebung von Bremers Interesse an Lena Brücker. Er reduziert sie zu einer bloßen Informationslieferantin und ignoriert ihre Gefühle. Das führt später zu einem heftigen Streit zwischen den beiden (vgl. S. 129 f.). Nachdem er für eine lange Zeit seinen Geschmackssinn verloren hat (vgl. S. 137 ff.), beginnt Bremer, sich erneut mit seiner Fahnenflucht zu beschäftigen: Es „nistete sich sogleich der Gedanke ein, es ist nicht das Rauchen, sondern dass du dich hier von einer Frau verstecken lässt. Du bist ein Schwein, dachte er.“ (S. 138) Lena Brücker nennt einen alternativen Grund für Bremers Veränderung: „dem fiel einfach die Decke auf n Kopp. Immerhin musste er mehr als neun Stunden allein in der Wohnung aushalten.“ (S. 139)

Kein klassischer Held

Wie diese Ausführungen zeigen, taugt Bremer nicht als Held im klassischen Sinn. Die Eigenschaften eines Helden spricht ihm auch Lena Brücker ab, indem sie unterstellt, Bremer werde nie seine Fahnenflucht und seine Liebesgeschichte seiner Frau beichten (vgl. S. 89 f.). Dass sie mit ihrer Einschätzung Recht hat, zeigt sich auch darin, dass Bremer sie verlässt, ohne sich von ihr zu verabschieden.

Willi (Gary) Brücker

Charmanter Schürzenjäger

Der Ehemann von Lena Brücker ist vor dem Krieg „Barkassenführer" (S. 98) am Hamburger Hafen gewesen. Er heißt Willi (vgl. S. 33), wird aber wegen seiner Ähnlichkeit mit dem Hollywoodschauspieler Gary Cooper meist „Gary" genannt. Mit Kriegsausbruch wird er eingezogen. Lena Brücker beschreibt ihn als notirischen Lügner und Frauenhelden: „Die Frauen waren hinter ihm her. Und er hinter den Frauen." (S. 25) Sie beschreibt ihn als jemanden, der „die Leute um den Finger wickeln (konnte)" (S. 32). Für sie ist er ein „Lump, aber n Lump, der wunderbar aufm Kamm blasen konnte." (S. 102) Sie führt seinen Erfolg bei Frauen auf die Tatsache zurück, dass er – im Gegensatz zu Bremer – „wunderbar erzählen konnte." (S. 89)

Mehr Schein als Sein

Die Beziehung zwischen Gary Brücker und Lena Brücker lässt sich in die Zeit vor und nach dem Krieg aufteilen. Über das Verhalten Gary Brückers vor dem Krieg erfährt der Ich-Erzähler über Lena Brücker nur so viel, dass er Wert auf einen hohen gesellschaftlichen Status gelegt habe: „Lief rum wie n Direktor, rauchte Zigarren, Loeser & Wolf, auch echte Havannas." (S. 99) Diesen Lebensstandard hat er sich aber nur deshalb leisten können, weil er sich neben seiner regulären Arbeit auch an Schmuggelgeschäften beteiligt hat (vgl. S. 100), drei Jahre Gefängnis sind die Folge gewesen.

Schmuggelgeschäfte

Nach dem Krieg kehrt er zu seiner Frau zurück. Er findet schnell einen Job als Fahrer für die englische Besatzungsmacht und ist deswegen kaum zuhause:

Kriegsheimkehrer

> „Gary war unter der Woche mit seinem Laster unterwegs. Fuhr für die englische Militärbehörde. Transportierte Drehbänke und andere Werkmaschinen ab. (…) Kam Freitagabend nach Hause, mit einer Tasche voll schmutziger Wäsche. Brachte aber auch immer was zu Essen mit." (S. 156)

Die Zeit am Wochenende verbringt er häufig auf dem Sofa und betrinkt sich. Deshalb sieht er inzwischen „etwas versoffener" (S. 156) aus als der echte Gary Cooper. Anfänglich schläft er noch regelmäßig mit seiner Frau, allerdings besucht er häufig Bars, „wo gespielt und getrunken wurde, in denen die Amis und Tommys saßen, mit irgendwelchen Landpomeranzen, die mit ihren Busen und Hintern das große Glück suchten." (S. 156 f.) Dort bleibt der Frauenheld seinem Ruf treu und betrügt seine Frau. Als dies auffliegt, setzt ihn seine Frau vor die Tür (vgl. S. 158 f.), womit „Gary" Brücker aus der Novelle verschwindet.

Holzinger

Zauberer und Küchensaboteur

Der gebürtige „Wiener", der „nie Freud gelesen hatte" (S. 136), hat früher als Saucenkoch zuerst im Hotel *Erzherzog Johann*, dann „auf dem Passagierschiff Bremen", später in der „Rundfunkkantine des Reichssenders Königsbergs" (S. 52) gearbeitet. Nun leitet er zusammen mit Lena Brücker die Kantine der Hamburger Lebensmittelbehörde. Allerdings wird er wegen Fällen von Brechdurchfall und Magenkrämpfen beim Reichssender (vgl. S. 52 f.) von der Gestapo beobachtet. Lena Brücker, die über Holzinger befragt wird, beschreibt ihn als „Zauberer" (S. 53), denn „er macht aus fast nichts

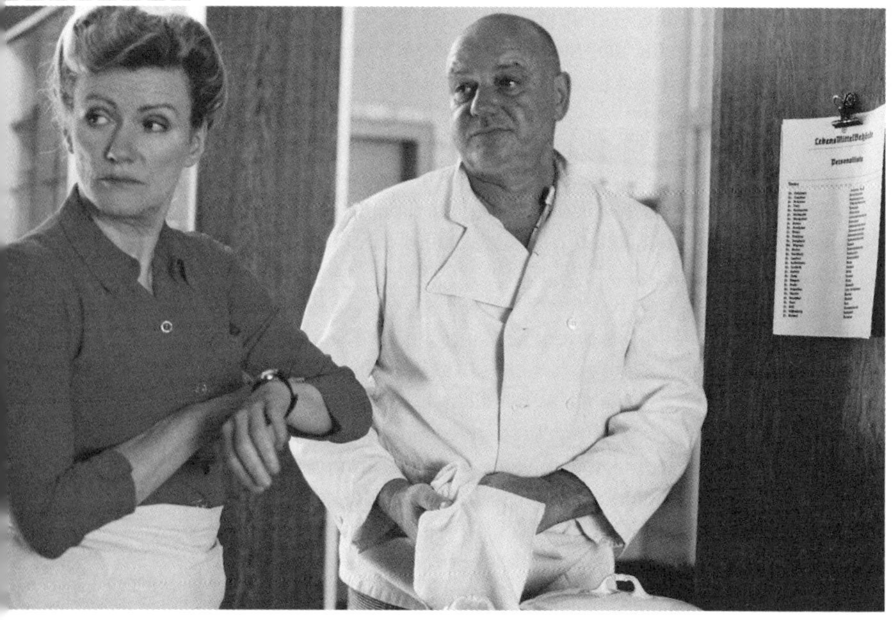

Widerstand der anderen Art: die Küchensaboteure Lena Brücker und Holzinger
© Tom Trambow

etwas und etwas Ausgezeichnetes aus etwas.“ (S. 53) Tatsächlich aber betreibt Holzinger Küchensabotage, zum Beispiel beim Besuch des Gauredners Grün. Nachdem dieser eine weitere Rede bei der Belegschaft einer Batteriefabrik (vgl. S. 56) angekündigt hat, gibt Holzinger seiner Kollegin den Hinweis:

> „Nimm heute auf keinen Fall etwas von der Terrine vom Vorstandstisch, hatte Holzinger gesagt, ich möchte den Kollegen von der Batteriefabrik eine Rede ersparen.“ (S. 56)

Und er sollte Recht behalten. Kurz nach dem Essen können weder der Gauredner noch der Betriebsführer Dr. Fröhlich eine weitere Rede halten: „Gauredner Grün sprang unvermittelt auf und stürzte, die Hand vor dem Mund, hinaus. Dr. Fröhlich hastete würgend hinterher.“ (S. 57)

Raffinierte Form von Widerstand

Aufgrund seines klugen und diskreten, aber wirkungsvollen Widerstands gegen den Nationalsozialismus übersteht er den Zweiten Weltkrieg unbeschadet. Die Engländer überzeugt er durch sein kulinarisches Talent:

> „Holzinger blieb leitender Koch der Kantine. Er wurde, nachdem die Engländer seine für sie zubereitete Gulaschsuppe gegessen hatten, nicht einmal mehr gefragt, ob er in der Partei gewesen sei.“ (S. 115 f.)

Lammers

Block- und Luftschutzwart

Der pensionierte Beamte des Katasteramtes gilt als Einzelgänger und überzeugter Nationalsozialist: „Er war erst spät in die Partei eingetreten, dann aber gleich gründlich, ein Hundertfünfzigprozentiger.“ (S. 66) Lammers ist in Lena Brückers Wohnhaus Luftschutz- und Blockwart und übt seine Funktion mit besonderer Akribie aus. Deshalb verbreitet er Angst und Schrecken in seiner Umgebung. Besonders gefürchtet sind seine unangekündigten Besuche:

Verbreitet Angst und Schrecken

> „Hallo, ruft Lammers Stimme, die Briefklappe in der Wohnungstür wird hochgehoben, die Finger, dann Lammers Stimme, er ruft durch den Briefschlitz: Frau Brücker! Sie sind doch da. Machen Sie auf! Ich hör Sie doch. Machen Sie sofort auf! Aufmachen!“ (S. 61)

Vom deutschen „Endsieg" überzeugt

Bei diesem Besuch versucht er auch herauszufinden, ob Lena Brücker defätistisch eingestellt ist, d. h. ob sie womöglich nicht an einen deutschen Sieg glaubt – wer wegen einschlägiger Äußerungen angezeigt wurde, musste in der Endphase der NS-Zeit mit der Todesstrafe rechnen. Lammers selbst glaubt fest an den „Endsieg". Deshalb antwortet er auf Lena Brückers Hinweis, dass die Engländer schon über die Elbe schießen würden, mit: „Sie [die Engländer] werden zurückgeschlagen. Oder haben Sie daran etwa Zweifel?" (S. 61) Nicht nur mustert er jeden verdächtigen Gegenstand, den er in ihrer Wohnung sieht, sondern er stellt auch verfängliche Fragen, um Lena Brücker in die Falle zu locken: „Ich habe doch Stimmen gehört, sagt Lammers. Ist Ihr Sohn da?" (S. 63) Und weiter: „Haben Sie Zweifel, dass die Stadt sich verteidigt, fragte er." (S. 64) Schließlich spricht er noch die Drohung aus: „Falls Ihr Sohn da ist, melden Sie das besser der Polizei. Sonst tue ichs. Und dann sind Sie beide dran." (S. 64 f.)

Kontrolliert seine Nachbarn

Die Tatsache, dass Lammers einen Schlüssel für jede Wohnung hat, verschafft ihm eine nahezu uneingeschränkte Kontrolle über seine Nachbarn (vgl. S. 77 f.). Diese werfen ihm – allerdings nur hinter vorgehaltener Hand – vor, ihren regimekritischen Nachbarn Wehrs an die Gestapo verraten zu haben und die Schuld für dessen Selbstmord zu tragen. Immer mehr entwickelt sich Lammers zu einem von seinen Nachbarn gefürchteten Blockwart: „Einige, die nicht grüßten, die zögerlich antworteten, wurden zur Gestapo vorgeladen (...)" (S. 69). Um diese Erfahrung zu vermeiden, versuchen einige Nachbarn jedem möglichen Ärger mit Lammers aus dem Weg zu gehen:

> „Kein Wunder, denn in der Schlachterei wurde die Wurst so ausgewogen, dass die Verkäuferin sagen konnte, kann es etwas mehr sein, was sie, da die Wurst nur auf Marken zugeteilt wur-

de, gar nicht sagen durfte. Der Bäcker hatte für Lammers noch Brötchen, als es längst keine mehr gab." (S. 69)

Zusammenbruch und Selbstmord

Auf die Nachricht vom Tod Adolf Hitlers wirkt Lammers wie verstört, er sagt: „Adolf Hitler ist tot. Er sagte nicht, der Führer ist tot. So als könne der Führer gar nicht sterben, eben nur Adolf Hitler." (S. 92) Lammers bricht nach dem Tod Hitlers innerlich zusammen. Kurz nach der Kapitulation Deutschlands erhängt er sich: „Er hatte seine Blockleiteruniform an, und der Kopf hing zur Seite, als wolle er sich irgendwo anlehnen, an eine Schulter oder Brust." (S. 107) Frau Eckleben kommentiert seinen Tod mit den Worten: „Er hat die Schande nicht ertragen." (ebd.) und stellt ihn damit in die Nähe Hitlers, für den die Kapitulation undenkbar war.

Doch kein Denunziant

Die ganze Wahrheit über Lammers kommt erst ans Licht, als der Ich-Erzähler die von Frau Eckleben heimlich für die Gestapo verfassten Berichte über die Nachbarn im Archiv liest: „Eine Eintragung der Gestapo über Lammers: ‚Überzeugter Nationalsozialist. Lehnt aber Berichte über Mitbewohner ab. Ungeeignet!'" (S. 121) Das Bild, das sich der Leser von Lammers macht, erweist sich im Licht dieser Information als korrekturbedürftig.

Dr. Fröhlich

Charakterloser Karrierist

Dr. Fröhlich verkörpert den Typus des charakterlosen Karrieristen, kennzeichnend für ihn ist seine Wandlungs- und Anpassungsfähigkeit. Als Betriebsführer „in brauner Parteiuniform, weichfallenden braunen Langschäftern, gestärktem hellbraunem Hemd, goldenen Manschettenknöpfen" (S. 55) erscheint er immer „makellos" (ebd.). Er folgt in öffentlichen Auftritten der Parteilinie, insbesondere der Endsiegpropaganda, wie sein Redebeitrag beim Besuch des Gauredners Grün zeigt:

> „Dr. Fröhlich stand auf und versprach, diese Behörde werde ihre Pflicht bis zum Endsieg tun, nämlich die Bevölkerung mit Lebensmitteln zu versorgen, und wenn nötig, würde man die Behörde auch mit der Waffe in der Hand verteidigen." (S. 56)

„Durchhalte-Fröhlich" und opportunistischer Wendehals

Nach der Kapitulation leugnet „der Durchhalte-Fröhlich" (S. 151) jedoch seine eigene Verantwortung für die Katastrophe (vgl. S. 114). Allerdings gelingt es Lena Brücker, die eine Kontrastfigur zu Dr. Fröhlich bildet, den früheren NS-Parteifunktionär öffentlich bloßzustellen (vgl. S. 115). Dr. Fröhlich wird kurz darauf interniert. Allerdings kommt der „kompetente Verwaltungsjurist" (S. 115) nach einem „Dreivierteljahr" (S. 115) wieder frei und wird im Entnazifizierungsverfahren „nur als Mitläufer eingestuft" (S. 151). Da sich die Alliierten beim Wiederaufbau der Zivilgesellschaft auf qualifizierte Deutsche mit beruflichen Erfahrungen stützen müssen, wird Dr. Fröhlich zwar zurückgestuft, aber immer noch in leitender Funktion in derselben Behörde wieder eingestellt, die er vorher geleitet hat. In seiner neuen Funktion als Personalleiter legt Dr. Fröhlich unmittelbar nach seiner Rückkehr eine weitere Charaktereigenschaft an den Tag: Rachsucht:

Dr. Fröhlichs Rache an Lena Brücker

> „Dr. Fröhlich ließ Lena Brücker rufen. Fröhlich saß hinter seinem Schreibtisch, sagte nur: Sie sind ja nun überflüssig, nicht. Kann ich denn wenigstens als Bedienung arbeiten? Sagte Fröhlich mit einem käsigen Grinsen: Sind schon genug Hände da, den Karren aus dem Dreck zu ziehen." (S. 154 f.)

Frau Eckleben

„Frau Eckleben war früher [also zur Zeit der Binnenerzählung; Y. M.] bei der Deutschen Reichspost und dort im Telegraphenamt beschäftigt." (S. 119) Sie ist die Nachbarin von Lena Brücker, als diese Hermann Bremer bei sich versteckt. Frau Ecklebens Mann, der als Wachtmeister bei der Artillerie war, ist an der Ostfront gefallen (vgl. S. 120). Sie hat eine Tochter namens Grete. Die Wohnung von Frau Eckleben befindet sich unmittelbar unter der von Lena Brücker. Da sie neugierig ist, aber so tut, als habe sie Angst vor Lammers, meldet sie Lena Brücker, was sie gehört hat:

Wohnt direkt unter Lena Brücker

> „Sie [Lena Brücker; Y. M.] wollte eben die letzte Treppe hinaufgehen, als die Wohnungstür aufging, und heraus kam Frau Eckleben und sagte: Bei Ihnen ist jemand in der Wohnung.
> Nein.
> Doch. Sind immer Schritte zu hören, direkt überm Wohnzimmer.
> Nee, sagte Lena Brücker, ganz unmöglich.
> Doch, sagte Frau Eckleben, ich wollte schon die Polizei holen, ganz sicher: läuft jemand rum. Besser Sie holen den Lammers, jetzt, wenn Sie aufschließen.“ (S. 78 f.)

Die Drohkulisse, die Frau Eckleben aufbaut, zwingt Lena Brücker schließlich zu der Notlüge, dass sie einer Freundin den Schlüssel gegeben habe, allerdings bleibt Frau Eckleben skeptisch: „Hörte sich nicht nach einem Frauenschritt an. (…) Sie müssen es ja wissen.“ (ebd.) Dieses Gespräch lässt die Nachbarin als eine misstrauische Person erscheinen. Später erfährt der Leser vom Ich-Erzähler, dass sie ihre Nachbarn systematisch bespitzelt und für die Gestapo heimlich „Stimmungsberichte nach Häusern und Hausnummern“ angefertigt hat: „(…) nicht Lammers hat die Berichte für die Gestapo geliefert, sondern sie, Frau Eckleben.“ (S. 120) Auch die Verhaftung von Wehrs geht auf ihre Denunziation zurück (vgl. ebd.). Von Frau Eckleben stammt folgender Bericht über Lena Brücker:

Die wahre Denunziantin

Bericht über Lena Brücker

> „L. Brücker hetzt nicht offen, macht aber oft zersetzende kritische Bemerkungen. Beispielsweise zur Versorgungslage bei den Brennmitteln. B: Ich glaube nicht, dass der Führer so kalte Füße hat wie ich. (Umstehende lachen) Oder: Die Juden sind auch Menschen. Oder: Das Volk liebt den Führer. Wenn ich das schon hör. Ich liebe meine Kinder. Und früher meinen Mann. Ich weiß, wohin das führt. 15. 2. 43" (S. 120 f.)

Erst aufgrund der Recherchen des Ich-Erzählers kristallisiert sich das Bild von Frau Eckleben als hinterhältige Person, Denunziantin und überzeugte Nationalsozialistin heraus.

Hugo

Menschenfreundlicher „Zivi"

Hugo, „(...) der Zivi mit Pferdeschwanz und goldenem Ring im Ohr, weiße Kitteljacke (...)" (S. 51), kümmert sich in der Rahmenhandlung der Novelle um Frau Brücker im Altenheim und ist eine wichtige Bezugsperson für sie. Nach ihrer eigenen Aussage könne sie nur mit „Hugos Hilfe" in ihrem eigenen Zimmer im Heim bleiben: „die wollen mich in die Pflegeabteilung abschieben." (S. 51) Dabei weiß Frau Brücker, dass Hugo selbst „genug am Hals" (S. 109) hat, zumal er durch seinen „Piepser" ständig in andere Bereiche des Heims eingesetzt wird; dennoch kümmert er sich liebevoll um Frau Brücker, bringt ihr regelmäßig „die drei rosa Pillen" (S. 165) vorbei. Mit Begeisterung verfolgt er, wie das Vorderteil des Pullovers entsteht, an dem Frau Brücker strickt: „Hugo nahm das Pullovervorderteil in die Hand: Hellbraun war der Grund, in einem Tal sammelte sich etwas Blau des Himmels (...). Klasse, sagte er (...)" (S. 51). Das Lob von Hugo zeugt von Menschenfreundlichkeit. Wenn der junge Pfleger eimal keine Zeit hat, tröstet er Frau Brücker mit: „Ich guck später noch mal rein." (S. 51)

Als der Ich-Erzähler ein halbes Jahr später nach Hamburg zurückkommt, arbeitet Hugo nicht mehr im Altenheim. Nach dem Zivildienstjahr hat er ein Studium aufgenommen. Hugo verkörpert das positive Beispiel eines jungen Menschen von heute, der sich für die Solidarität zwischen den Generationen engagiert und dazu beiträgt, dass das Leben in jedem Alter als lebenswert empfunden wird.

Repräsentiert junge Generation von heute

Zusammenfassend lassen sich die Figuren wie folgt gruppieren:

GRUPPIERUNG DER FIGUREN

Systemferne Figuren (kritische Haltung)	Systemnahe Figuren (Identifikation/Unterstützung)
Lena Brücker	Lammers
Holzinger (Kantinenkoch)	Frau Eckleben
Wehrs (Kommunist, Nachbar)	Gauredner Grün
Großmutter des Ich-Erzählers	Dr. Fröhlich

nicht eindeutig identifizierbare Haltung:
- Hermann Bremer

3.5 Sachliche und sprachliche Erläuterungen

S. 7	**Kiez**	Stadtteil, in Hamburg: Vergnügungs- bzw. Rotlichtviertel
S. 8	**„Das vedelt einen doch."**	Bedeutet so viel wie: Das haut einen um.
S. 10	**Lamperie**	Bezeichnung für die Holzvertäfelung oder Marmorverkleidung des unteren Teils einer Wand
S. 12	**Coiffeurs**	Gehoben für: Friseure
S. 15	**Lysol**	Desinfektionsmittel
S. 16	**Fehfelle**	Felle von sibirischen Eichhörnchen, aus denen teure Pelzmäntel gemacht werden.
	Intendanturrat	hoher Beamter der Wirtschaftsverwaltungsbehörde eines Heeres
	Eva Braun	E. B. (1912–1945) war die gegenüber der Öffentlichkeit verheimlichte Geliebte Hitlers und beging mit ihm einen Tag nach ihrer Heirat gemeinsam Selbstmord.
S. 17	**Heldenklau**	Soldatensprache, bezeichnet den Versuch von Rekrutierungsoffizieren, versprengte oder nur leicht verletzte Soldaten oder Zivilisten an die Front zu schicken.
	Kommissbrot	Brot aus grob gemahlenem Mehl fürs Militär
S. 20	***Kolberg***	1943/44 gedrehter Propagandafilm über die Belagerung Kolbergs 1807 durch Napoleon
	Reichswasserleiche	Spottname für die schwedische Schauspielerin Kristina Söderbaum (1912–2001), die gleich in drei Filmen am Ende den Tod im Wasser fand

S. 21	**Luftschutzwart**	in der NS-Zeit zuständig zuerst für die Teilnahme der Hausbewohner an Luftschutzübungen, später im Krieg für einen bestimmten Luftschutzraum und das Treffen von Verdunkelungsmaßnahmen bei Luftangriffen
S. 23	**Defätismus**	Resignation, Hoffnungslosigkeit
S. 25	**Troddel**	kleine Quaste an einer Schnur
	Barkasse	größeres Motorboot
	Gary Cooper	Hollywoodschauspieler (1901–1961)
S. 27	**Stutzer**	knielanger Herrenmantel
	EK-II-Band	Eisernes Kreuz (EK), erst preußische, später deutsche Kriegsauszeichnung in zwei Klassen (I und II)
	Narvikschild	1940 eingeführte Auszeichnung für Soldaten, die am Kampf um die norwegische Stadt Narvik teilgenommen haben.
	Kaventsmänner	ungewöhnlich hohe Wellenberge
S. 28	**Flak**	kurz für: Flugabwehrkanone
S. 29	**Röhre**	Elektronenröhre für ein Rundfunkgerät
	Dr. Baldrian	Spitzname von Georg Ahrens (1896–1974), SS-Gruppenführer, der seit 1943 im Radio die Luftlagemeldungen bekannt gab.
S. 30	**Brennhexe**	einfacher, rechteckiger Ofen oder Herd
	falscher Hase	Braten aus Hackfleisch
S. 31	**Maat**	Unteroffizier auf Schiffen
	Ziethen	vermutl. Hans Joachim von Zieten (1699–1786), berühmtester Reitergeneral in der preußischen Geschichte
	Etappe	Nachschubgebiet hinter der Front

S. 33	**Täschnerin**	Taschenmacherin
	Pharisäer	heißer Kaffee mit Rum und geschlagener Sahne
	Erzherzog Johann	Hotel in Bad Aussee, benannt nach dem österreichischen Feldmarschall Johann von Österreich (1782–1859)
S. 34	**gehuckelt**	vermutl. im Sinne von: gespart
S. 35	**Pansen**	erster großer Abschnitt des Magens bei Wiederkäuern.
S. 37	**Panzerfaust**	Handfeuerwaffe, die seit dem Zweiten Weltkrieg zur Bekämpfung von Panzern verwendet wird.
S. 38	**Volkssturmmännern**	In der Endphase des Zweiten Weltkriegs sollten alle waffenfähigen Männer von 16 bis 60 Jahren aufgeboten werden.
	Hitlerjungen	Mitglieder der Hitler-Jugend, der Jugendorganisation der NSDAP. Die HJ war für die „geistige und sittliche" Erziehung der deutschen Jugend, vor allem aber für ihre „vormilitärische Ertüchtigung" zuständig.
	Aquavit	lat. Aqua vitae „Lebenswasser": farbloser Brandwein, der mit Kümmel gewürzt ist.
S. 40	**Karabiner**	kurzläufiges Gewehr mit geringer Schussweite
S. 41	**Koppelschnallen**	Bezeichnung für eine bestimmte Form des metallenen Gürtelverschlusses, der ursprünglich bei Uniformgürteln verwendet wurde.
	Scharmützel	kleineres Gefecht
S. 41/42	**Fliegendes Standgericht**	Ein S. ist ein Ausnahmegericht zur Unterdrückung von inneren Unruhen oder Aufständen, im Zweiten Weltkrieg v. a. zur Aburteilung von Deserteuren. „Fliegende S." richtete Hitler ab März 1945 ein.

S. 44	**Gamaschen**	An das Schuhwerk anschließende Beinbekleidung aus Leder oder Stoff, die durch einen Steg unter der Schuhsohle gehalten wird.
	über den großen Onkel	Gemeint ist der große Zeh.
S. 45	**Sauerbruch**	Ferdinand S. (1875–1951), berühmter deutscher Chirurg
	Schottsche Karre	in Hamburg Bezeichnung für eine Holzkarre
S. 46	**Kübelwagen**	geländetauglicher Militär-Pkw in Wannenform
S. 48	**krüsch**	eigentl.: wählerisch im Essen
S. 51	**Zivi**	Zivildienstleistender, in der Bundesrepublik bis 2011 eine Alternative zur Wehrpflicht für junge Männer, die aus Gewissensgründen den Dienst an der Waffe verweigerten
	Gauredner	NSDAP-Funktionär, im Auftrag der Reichspropagandaleitung bei Massenkundgebungen eingesetzt
	Goebbels	Joseph Goebbels (1897–1945), seit 1933 Reichspropagandaminister
S. 53	**Gestapo**	Abk. Geheime Staatspolizei. Politische Polizei des nationalsozialistischen Regimes.
S. 54	**Pg.**	Abkürzung für: Parteigenosse
	keschen	fangen
	Tommy	Spitzname für englische Soldaten
	Kutteln	in Streifen geschnittene Pansen
S. 55	**Langschäftern**	Stiefel mit langem Schaft

S. 61	**Blockwart**	rangniedriger NSDAP-Funktionär mit der Aufgabe, die Bewohner des ihm zugeteilten Häuserblocks zu überwachen und regimekritische Äußerungen oder Taten zu melden
S. 65	**Kommiss**	Ausrüstung des Soldaten
	Kyffhäuser	Mittelgebirge südostlich des Harzes, wo der Sage nach Kaiser Friedrich I. (Barabarossa) schläft, um eines Tages zu erwachen und das Reich zu retten.
	Verdun	Frz. Stadt, wo 1916 eine der blutigsten Schlachten des Ersten Weltkriegs stattfand.
	Katasteramt	Behörde, in der das Grundbuch geführt wird.
S. 67	**KPD**	1918 gegründete Kommunistische Partei Deutschlands
	Spökenkieker	norddt. Bezeichnung für Menschen „mit dem zweiten Gesicht"
S. 68	**Helling**	Schiffsbauplatz
	NSDAP	Abk. für Nationalsozialistische Deutsche Arbeiterpartei. 1920 gegründete Partei, die ab 1921 von ihrem Parteiführer A. Hitler als antidemokratische, antirepublikanische und antisemitische Partei aufgebaut wurde.
S. 71	**Marinestutzer**	Mantel
S. 72	**Volksempfängern**	von Goebbels in Auftrag gegebenes Rundfunkgerät, wichtiges Propagandainstrument der Nazis
	BBC	British Broadcasting Corporation, brit. Rundfunkanstalt
S. 75	**Kordel**	frz. „cordelle": kurzes oder dünnes Seil
S. 76	**Klüverrackring**	Ring am Mast eines Segelschiffes zur Befestigung des Klüvers (Segels)

S. 77	**Koppel**	Gürtel
S. 86	**Bolschewismus**	(abwertend) Kommunismus sowjetischer Prägung
	Parlamentäre	Unterhändler
S. 88	**Sperrstunde**	Uhrzeit, zu der das Ausgehverbot begann
	Henkelmann	Behälter aus Blech für den Transport von zubereitetem Essen
S. 92	**Werwolf**	NS-Freischärler gegen Ende des Zweiten Weltkriegs
	Speckritter	konnte nicht geklärt werden
S. 93	**Himmler**	Heinrich H. (1900–1945), Reichsführer SS und einer der Hauptverantwortlichen für den Holocaust
	Churchill	Winston Ch. (1874–1965), bedeutendster britischer Staatsmann des 20. Jahrhunderts, von 1940 bis 1945 Premierminister
S. 95	**BRT**	Abk. für Bruttoregistertonnen; Raummaß für Schiffe
	Les Préludes	Die 1854 fertiggestellte sinfonische Dichtung Franz Liszts. Ab 1941 wurde daraus die sogenannte „Russland-Fanfare" entnommen und vor den Erfolgsmeldungen im Krieg gegen Russland im Radio gespielt.
	V2	„Vergeltungswaffe 2", von der Wehrmacht gegen England eingesetzte Artillerierakete
	Downing Street	Sitz der britischen Regierung
	Roosevelt	Franklin D. R. (1882–1945), von 1933 bis 1945 US-Präsident
	Truman	Harry S. Truman (1884–1972), von 1945 bis 1953 US-Präsident
S. 99	**Kümo**	Kurzwort für Küstenmotorschiff

S. 100	**Ewern**	norddt. für kleines Küstensegelschiff
	Knööv	Kraft
	Treck, verdammi, treck! Un hol di fast!	Zieh, verdammt, zieh! Und halt dich fest!
	Grog	alkoholisches Heißgetränk aus Rum und heißem Wasser
S. 101	**Varieté**	buntes künstlerisches Programm mit wechselnden Darbietungen artistischer, tänzerischer und musikalischer Art
	Trampgang	Straße in Hamburg-Neustadt
	angeschickert	angeheitert
S. 103	**Mutterkreuzes**	Ehrenkreuz der Deutschen Mutter, NS-Auszeichnung für kinderreiche Mütter
	lettische SS-Soldaten	1941 wurden nach der deutschen Besetzung Lettlands SS-Freiwilligenverbände gebildet.
S. 106	**Barett**	flache Kopfbedeckung
	Bollerwagen	Handwagen
	Reichswehr	Von 1921 bis 1935 offizieller Name der deutschen Streitkräfte
	Knobelbecher	umgangssprachliche Bezeichnung für kurzschaftige Militärstiefel
S. 107	**Pisspott**	Nachttopf
S. 109	**Sozi**	Kurzwort für Sozialdemokrat
	Kleppermantel	wasserdichter Baumwollmantel
S. 111	**Ethnologe**	Wissenschaftler, der auf Völkerkunde spezialisiert ist
S. 112	**Rationalist**	jemand, bei dem das rationale Denken den Vorrang hat
	Aphrodisiaka	Mittel zur Belebung oder Steigerung der Libido

S. 114	**Breeches**	Kniebundhose
S. 115	**Itzigs**	antisemitisches Schimpfwort für Juden
S. 116	**fraternisiert**	lat. frater „Bruder": sich verbrüdern, hier gemeint: eine intime Beziehung eingehen
S. 117	**Montgomery**	Bernard Law M. (1887–1976), britischer Generalfeldmarschall, einer der populärsten Herrführer der Alliierten
	Eisenhower	Dwight D. E. (1890–1969), US-amerikanischer General, nach 1953 US-Präsident
S. 118	**Peloton**	kleinere Truppeneinheit, v. a. Erschießungskommando
S. 120	**Horst Wessel**	(1907–1930), Sturmführer der SA, nach seiner Ermordung durch KPD-Mitglieder von den Nazis zum „Märtyrer der Bewegung" stilisiert
S. 123	**Ambrosia**	In der griech. Mythologie Bezeichnung für die Speise der Götter, die sie unsterblich macht.
S. 131	**Peekhaken**	Bootshaken
S. 132	**Amnestie**	besonders für politische Vergehen vorgesehener Straferlass
S. 134	**Hindenburglicht**	Notbeleuchtung in Luftschutzkellern
	Klüten	kleine Klöße
S. 136	**lurigem**	müdem
	Freud	Sigmund F. (1856–1939), Begründer der Psychoanalyse
S. 140	**Tschakos**	Zylinderhelmartige Kopfbedeckung, die früher im Heer oder von der Polizei getragen wurde.
S. 141	**Albion**	Antiker Name für die britischen Inseln, später stand der Begriff „perfides Albion" für die angeblich hinterhältige britische Außenpolitik.

	Plutokraten	Eine Plutokratie ist eine Reichtumsherrschaft, in der NS-Zeit ein Kampfbegriff für die Demokratie in den USA und in Großbritannein.
S. 142	**Graupen**	Gersten- oder Weizenkörner
S. 147	**Fieseler Storch**	Die Fieseler Fi 156 Storch war das Standard-Kurierflugzeug der dt. Luftwaffe im Zweiten Weltkrieg.
S. 149	**muulsch**	Plattdeutsch für: grummelig
S. 151	**Entnazifizierung**	Ab Juli 1945 umgesetzte Politik der Besatzungsmächte, um Deutschland vom Nationalsozialismus zu befreien.
S. 152	**Ball Paradox**	in Wahrheit von Bernhard Keese auf der Reeperbahn („Café Keese") eingeführte Methode, bei der nicht wie üblich die Herren die Damen, sondern die Damen die Herren zum Tanz auffordern
S. 157	**Hefepilze**	Gemeint ist eine Pilzerkrankung im Genitalbereich.
S. 160	**Brackwasser**	Mischung aus Süß- und Salzwasser an einer Flussmündung
	Mennige	rote Bleiverbindung, Färbemittel
S. 161	**Amis**	Gemeint sind hier amerikanische Zigaretten.
	Demijohn	Glasballon
S. 162	**Schiffspersenning**	Seemannssprache, imprägniertes (wasserfestes) Gewebe
S. 167	**Hamstertour**	Ausflüge aufs Land, um Nahrungsmittel zu „organisieren"
S. 168	**GI**	engl. Abk. für Galvanized Iron: Bezeichnung für einfache Soldaten der Streitkräfte der USA

S. 169	**Levade**	frz. (se lever: sich aufrichten): Übung der klassischen Reitkunst, bei der sich das Pferd auf den Hinterbeinen aufrichtet.
S. 170	**Intendanturrat**	s. Erläuterung zu S. 16
	Albino	Mensch mit fehlender Farbstoffbildung
S. 172	**Wamme**	Bereich von der Kehle bis zum Bauch
S. 173	**Kürschner**	Handwerker, der Fellbekleidung herstellt
S. 182	**Lisa nach Berlin**	Die vermutlich wahre Erfinderin der Currywurst hieß Herta Heuwer (1913–1999) und betrieb seit August 1949 einen Imbissstand in Berlin Ecke Kant-/Kaiser-Friedrich-Straße.

3.6 Stil und Sprache

ZUSAMMENFASSUNG

Kennzeichnend für Timms Novelle sind:
- → einfache, verständliche Sprache
- → Verwendung von Umgangssprache und Dialekt
- → Ironie und Satire auf NS-Propaganda
- → Bezüge zur Realität und zu biografischen Einzelheiten

Umgangssprache und Dialekt

Klare, einfache Sprache

Timms Novelle ist in klarer und einfacher Sprache geschrieben. Auffällig ist dabei, dass sich Timm verschiedener Sprachebenen bedient und sie funktionalisiert. Charakteristisch ist die häufige **Verwendung von Umgangssprache**, Dialekt sowie für Kurzformen, wie sie für mündliche Rede typisch sind („n" statt „ein", „ner" statt „einer"). Durch diese Mittel soll **Authentizität** hergestellt werden:

Kurzformen

> „Am nächsten Morgen, einem nasskalten Dezembertag, grau in grau, kamen die ersten Kunden an die neueröffnete Imbissbude von Frau Brücker, zuerst die Nutten aus dem Billigpuff der Brahmsstraße, übernächtigt, geschafft, fix und fertig. (…) Sie hatten einen verdammt faden Geschmack im Mund und wollten jetzt etwas Warmes, auch wenn es happig teuer war, ne echte Tasse Bohne und ne Bockwurst oder ne Bratwurst, was es eben gab. Aber heute (…) gab es nur verschrumpelte Bratwürste. **Sahn aus wie n Witz.** Die wurden auch noch kleingeschnitten, **überschmiert mit so ner grässlichen roten Soße,** nein, einem rotbraunen Brei. Scheußlich, sagte Moni, aber dann, nach dem ersten Bissen, ein Schmecken, dass sie sich wieder spürte. **Mann**

> **inner Tonne, sagte Moni.** Das Grau hellte sich auf. Die Morgenkälte wurde erträglich. Es wurde ihr richtig warm, die lastende Stille laut, **ja, sagte Lisa, det macht Musike, jenau.** Lisa, die seit drei Monaten in Hamburg arbeitete, sagte: **Det isset, wat da Mensch braucht, det is eenfach schaaf.“** (S. 182, Hervorhebung von mir, Y. M.)

Erzeugung von Realitätsnähe

Es fällt auf: Die Sprachebene, der sich Lena Brücker und der Ich-Erzähler bedienen, erzeugt nicht nur Nähe und gegenseitige Sympathie, sondern sie lässt auch das, was Brücker erzählt, glaubhaft erscheinen. Mit dieser Vorliebe für umgangssprachliche Wendungen und dialektgefärbtes Sprechen verfolgt Uwe Timm das Ziel, beim Schreiben **möglichst nah an der Wirklichkeit** zu bleiben:

> „Die Stadt ist im Arsch! Schon längst. Platt. Verstehste. Nix. Gauleiter Handke abgehauen. Mit nem Fieseler Storch. Ein großes Schwein, wie dieser Dr. Fröhlich ein kleines Schwein ist. Alles Schweine. Jeder in Uniform is n Schwein.“ (S. 147)

Parataktischer Satzbau

Der Satzbau des Textes ist vorwiegend parataktisch. Es überwiegen kurze, einfache Sätze, bis hin zu Ellipsen: „Eine ferne, tiefe Stille. Bomber flogen über die Stadt, hin und wieder. Keine Detonation. Sie war eingeschlafen. Sie schmatzte im Schlaf. Er legte sich wieder hin.“ (S. 104) Dieser Satzbau steht an manchen Stellen in Kontrast zu den äußeren Zwängen und zur verkrampften inneren Befindlichkeit der Figuren. Auffällig ist dabei die anschauliche Sprache, so etwa, wenn der Ich-Erzähler die Angst Bremers beim überraschenden Besuch von Lammers beschreibt:

> „Bremer kam heraus, bleich, Schweiß auf der Stirn (…). Er stand da, und sie sah (…), dass ihm die Knie zitterten (…). Und sie sagte

> in das ängstliche, nein, entsetzt blickende Gesicht von Bremer: Das war Lammers.“ (S. 65)

NS-Propaganda-sprache als Kontrast

Die Vertreter des Nationalsozialismus in der Novelle lässt Timm dagegen in der Sprache der Propaganda reden, in der die antisemitisch und **ideologisch verbrämte Kriegs- und Endsiegmetaphorik** vorherrscht:

> „Gauredner Grün beschönigte nichts. Er verglich die europäische Kultur mit dem jüdisch-bolschewistischen Ungeist. Hier das Ganzheitsdenken, dort das Teilen, Zersetzen, Kritisieren. Positiv, negativ. Also: Zuversicht und Mut bestimmend für das deutsche Denken. Hingegen Wankelmut, Kritisiererei, Defätismus etwas Jüdisches.“ (S. 55)

Die Sprache der Figuren spiegelt hier sowohl ihre soziale Herkunft als auch ihre politische Gesinnung oder, wie beim Streit zwischen Brücker und Bremer, den emotionalen Zustand der Figuren wider: „Die Nachbarn. Scheißegal! Was?! Können mich mal.“ (S. 130)

Ironie und Satire auf Doppelmoral und Heuchelei

Ironie

Das wichtigste Stilmittel, welches die Heuchelei des Nationalsozialismus in der Novelle zum Ausdruck bringt, ist die Ironie. So heißt es, nachdem Lena Brücker beim Besuch des Gauredners Grün vergeblich versucht hat, Fisch zu kaufen:

> „Gestern Nacht seien Bomben in Langenhorn gefallen, eine direkt neben einem Bauernhof, eine Luftmine. Der Stall sei stehengeblieben, aber Fenster und Türen waren raus. Alle Kühe lagen tot da, ganz und hübsch appetitlich.“ (S. 54)

Noch schärfer fällt die Ironie aus, wenn es in Anspielung auf die NS-Propaganda vom „Tausendjährigen Reich" heißt:

> „Sogar Papierservietten gab es noch. Vor einem halben Jahr war eine Lieferung für die nächsten 1000 Jahre eingegangen. Die Servietten wurden auch als Toilettenpapier benutzt." (S. 54)

NS-Propaganda als Ziel

Ein weiteres Beispiel für die ironische Darstellung der NS-Propaganda bezieht sich auf die Äußerungen des Gauredners Grün, der noch kurz vor Kriegsende seinen Zuhörern den deutschen „Endsieg" verspricht. Der Ich-Erzähler kommentiert Grüns Worte so: „Grün gewann den Endsieg, indem er zeigte, wer am Boden liegt, wenn es denn der heimatliche ist, kann ihn weit besser verteidigen, weil er ihn kennt." (S. 55) Doch nicht nur der „fanatische() Widerstand" (ebd.), sondern auch die **NS-Kriegsberichterstattung** ist Zielscheibe ironisch-sarkastischer Darstellung, wenn es heißt: „Der Feind erlitt wie immer hohe und blutige Ausfälle. Die eigenen Verluste waren natürlich gering." (S. 58)

Als weiteres Beispiel ist das Verhalten der früheren Repräsentanten des NS-Regimes unmittelbar nach der Kapitulation, etwa im journalistischen Bereich. Hierzu meint der Ich-Erzähler:

Wendehälse und Opportunisten

> „Ich wollte es nicht glauben, aber der Archivar versicherte mir, es seien dieselben Schreiber gewesen, die noch in der einen Woche vom Endsieg und Kampf bis zum letzten Mann geschrieben und in der darauffolgenden die Beschlüsse des britischen Stadtkommandanten interpretiert hatten." (S. 112)

Entsprechend scharf fällt der Kommentar Lena Brückers aus, als der frühere Parteifunktionär Dr. Fröhlich nach wenigen Monaten aus der Haft entlassen und in leitender Position wieder eingestellt wird:

> „Im Januar 46 kam der Durchhalte-Fröhlich aus dem Internierungslager. (...) Wer andern eine Grube gräbt, hat wohlgebaut. Wurde zwar nicht mehr Behördenleiter, dafür aber Personalleiter. Verstehste?“ (S. 151)

Satire auf heuchlerische Nachkriegsgesellschaft

An solchen Stellen wirkt die Novelle wie eine Satire auf die Heuchelei und Doppelmoral in der Nachkriegsgesellschaft. Die ehemaligen Unterstützer des NS-Regimes wollen auf einmal von ihrer Vergangenheit nichts mehr wissen und kommen damit sogar durch. Dies gilt aber auch für den damals sehr verbreiteten Mythos von der Stunde „Null“, den der Ich-Erzähler subtil hinterfragt:

> „All die Begriffe wie Abwehrschlachten, Wunderwaffen, Volkssturm waren verschwunden, und selbst das den Mangel verklärende ‚Wildgemüse‘, das noch am 1. Mai als ausgesprochen schmackhaft gepriesen worden war, hieß nun, sieben Tage nach der Kapitulation, Brennessel und junger Löwenzahn. Das Rezept war allerdings dasselbe.“ (S. 112 f.)

Sich selbst entlarvende Metaphern

Ergänzt wird diese Aussage durch die an entscheidenden Stellen angebrachten **Metaphern.** So spricht der ehemalige NS-Funktionäre Dr. Fröhlich nach der Niederlage und Kapitulation – gleichermaßen verharmlosend wie heuchlerisch – „von dem Karren, der in den Dreck gefahren worden sei“ (S. 114), sowie von dem „gemeinsamen Mühen, diesen Karren jetzt wieder aus dem Dreck herauszuziehen“ (S. 114). Seine Heuchelei, die durch diese metaphorische Ausdrucksweise verdeckt werden soll, wird jedoch durch die rhetorische Frage „von wem denn“, die Lena Brücker an den „neben ihr sitzenden Holzinger“ (S. 114) richtet, sofort entlarvt.

Bezüge zur Realität und biografische Elemente

Korrekter Umgang mit historischen Fakten

Timms Novelle zeichnet sich sowohl durch Bezüge zum realgeschichtlichen Kontext als auch durch markante biografische Elemente aus. Was die Orientierung am zeitgeschichtlichen Kontext angeht, so fallen zahlreiche Ereignisse auf, die auch in Wirklichkeit stattgefunden haben bzw. historisch belegt sind. Das gilt beispielsweise für den Tod Hitlers am 30. April 1945. In der Novelle heißt es:

> „Am 1. Mai meldete der Reichssender Hamburg: Der Führer Adolf Hitler ist heute nachmittag auf seinem Befehlstand in der Reichskanzlei, bis zum letzten Atemzug gegen den Bolschewismus kämpfend, für Deutschland gefallen.“ (S. 86)

Die propagandistische Deformation der historischen Wirklichkeit (Selbstmord bereits am 30. April statt Tod im Kampf) entspricht den historischen Tatsachen. Auch die Einnahme Hamburgs durch die Engländer Ende April/Anfang Mai 1945 ist historischer Fakt. Besonders wichtig ist hier das Verhalten des damaligen Reichsstatthalters Kaufmann (vgl. S. 17 dieser Erläuterung). Dessen Einsicht in die Aussichts- und Sinnlosigkeit einer Verteidigung Hamburgs angesichts der Übermacht der Alliierten montiert Uwe Timm in seine Novelle wie folgt ein:

> „Im Radio die Stimme von Gauleiter Kaufmann: … *schickt sich an, Hamburg auf der Erde und aus der Luft mit seiner ungeheuren Übermacht anzugreifen. Für die Stadt, für ihre Menschen, für Hunderttausende von Frauen und Kindern bedeutet dies Tod und*

> *Zerstörung der letzten Existenzmöglichkeiten. Das Schicksal des Krieges kann nicht mehr gewendet werden; der Kampf aber in der Stadt bedeutet ihre sinnlose restlose Vernichtung.*" (S. 87, Kursivierung im Original)

Authentische Schauplätze

Authentisch sind zahlreiche Schauplätze, die in der Novelle erwähnt werden. Das betrifft etwa den in Hamburg Neustadt liegenden zentralen Platz Großneumarkt, wo gemäß Timms Fiktion Lena Brückers Imbissbude dreißig Jahre stand (vgl. S. 159 f.), sowie die unweit davon befindliche Brüderstraße, in der Timm Lena Brückers Haus ansiedelt.

Schwarzmarktrealität

Es entspricht auch der historischen Realität, wenn der Ich-Erzähler Schwierigkeiten bei der Organisation von Lebensmitteln unmittelbar nach der Kapitulation anspricht:

> „Lebensmittel zu organisieren war nach der Kapitulation nicht leichter geworden. Die Engländer hatten die Marken übernommen (...). Aber es kam zu Reibungen zwischen den Produzenten, den Bauern und den Behörden." (S. 141)

Und diese „Reibungen" begünstigten die Ausbildung des Schwarzmarktes, der als historische Erfahrung in Timms Novelle Niederschlag gefunden hat. Als Bremer eines Tages von der Wohnung Lena Brückers aus auf die Straße hinunter schaut, sieht er einen Mann,

> „der eine Halbglatze hatte und sich eben, den Mantel öffnend, einer Frau zuwandte, die hinsah, ihn sogar etwas fragte, dann den Kopf schüttelte und weiterging. Endlich drehte sich der Mann um, öffnete wieder den Mantel, Bremer erschrak, er sah nacktes rosiges Fleisch und mehrere Zitzen. Der Mann trug eine Schwei-

nehälfte auf den Leib gebunden. Schwarzmarkt, schoss es Bremer durch den Kopf, und plötzlich verstand er auch die Fingerbewegung des Amputierten. Da wurde nicht geknobelt, da wurde nicht die Zahl der Verwundungen angegeben, da wurde getauscht, da wurde die Zahl der Zigaretten angezeigt, gegen die andere Waren getauscht werden sollten.“ (S. 126)

Damit greift die Novelle eine der größten Herausforderungen in der unmittelbaren Nachkriegszeit auf. Denn bis zur Währungsreform im Jahr 1948 dominierte der Warentausch auf dem Schwarzmarkt. Davon profitiert auch Lena Brücker, da ihre Imbissbude am zentralen Großneumarkt steht und zu einem lokalen Börsenplatz aufsteigt:

„Brüderstraße, Wexstraße, da war der Schwarzmarkt. Von dort kamen sie dann rüber zum Großneumarkt, an ihren Stand, Großschieber wie Kleinanbieter, um sich zu stärken, eine Limo, einen Eichelkaffee, eine Bratwurst, oder aber eine Currywurst. (…) Wurde nich mit Geld bezahlt, sondern getauscht: Eine Currywurst und eine Tasse echte Bohne, das warn, je nach Tageskurs, drei oder vier Amis.“ (S. 160)[20]

Beschreibung des Schwarzmarkthandels

Weiter liefert die Novelle sogar eine detaillierte Beschreibung darüber, wie der Schwarzmarkt funktionierte:

„Es war eben nicht alles festgelegt durch Geld, man musste wissen, was gebraucht wurde, was knapp war. An ihrer Bude wurden bei Kaffee und Currywurst auch größere Geschäfte gemacht. Ihre Bude war ein Treffpunkt, eine Art Börse unter freiem Him-

---

20 Amis: gemeint sind die unmittelbar nach Kriegsende begehrten amerikanischen Zigarettenmarken.

Spätes Wiedersehen: Hermann Bremer lernt Lenas Currywurst kennen – und schmecken
© Tom Trambow

mel. Zum Beispiel 18 Platten Tabak aus Virginia wurden gegen 22 Kisten Bücklinge, einen Demijohn reinen Alkohol, vier stark abgefahrene Autoreifen oder zwanzig Kilo gesalzene dänische Butter getauscht. (...) Und diese Werte veränderten sich ja schon während der Schätzung. Die Währung war die Zigarette, nicht irgendeine, sondern die Chesterfield oder Players." (S. 161)

Aber auch die Demontage (vgl. S. 156), die Prostitution (vgl. S. 157) und die Hamsterkäufe (vgl. S. 167 f.), auf die in der Novelle angespielt wird, gehören zum Alltag unmittelbar nach Kriegsende.

Neben diesen Bezügen zum historischen Kontext fallen zahlreiche biografische Übereinstimmungen zwischen dem Ich-Erzähler in der Novelle und ihrem Autor auf.

BIOGRAFISCHE ELEMENTE IN DER NOVELLE *DIE ENTDECKUNG DER CURRYWURST*

Ich-Erzähler der Novelle	Autor Uwe Timm
gebürtiger Hamburger (S. 10 ff.)	gebürtiger Hamburger
wohnhaft in München (S. 152)	zur Entstehungszeit der Novelle wohnhaft in München
Vater war Kürschner (S. 173)	Uwe Timms Vater war Kürschner

Nichtsdestotrotz verfehlt man den Gehalt der Novelle, wenn man sie als verkappte Autobiografie des Autors missversteht. Allein schon durch die Tatsache, dass der Ich-Erzähler namenlos bleibt, verbietet sich eine solche Parallelsetzung. Des Weiteren versteht es Timm, Wirklichkeit und Fiktion so miteinander zu verflechten, dass die Übergänge zwischen Dichtung und Wahrheit fließend bleiben. Deshalb ist die Novelle keine Abbildung einer historischen Wahrheit, sondern sie steht nicht zuletzt mit ihrer Behauptung einer Entdeckung der Currywurst im Nachkriegs-Hamburg in einem „wunderbaren Konjunktiv“[21].

---

21 *Ein Werkstattgespräch mit Uwe Timm.* In: Durzak/Steinecke, S. 348.

3.7 Interpretationsansätze

ZUSAMMENFASSUNG

Die Entdeckung der Currywurst fordert sowohl im Hinblick auf die thematische Anlage der Novelle als auch ihrer erzähltechnischen Komposition zu verschiedenen Interpretationsansätzen heraus. Timms Text kann gelesen werden als

→ Antikriegs-Novelle oder als
→ Novelle über novellistisches Erzählen.

Die Entdeckung der Currywurst als Antikriegs-Novelle

Allgegenwärtiger Krieg

In der Binnenerzählung der Novelle ist der Krieg allgegenwärtig. Das zeigt sich bereits in der Vorschau im Kino, wo sich der Soldat (!) Hermann Bremer und die Pazifistin Lena Brücker zum ersten Mal treffen: „Lachende deutsche Soldaten fuhren vorbei, um einen russischen Angriff irgendwo an der Oder zurückzuschlagen." (S. 20) Das Lachen der Soldaten steht in deutlichem Kontrast zur Hässlichkeit des Krieges. Noch vor Beginn des Films werden die Kinobesucher Zeugen einer der hässlichen Facetten des Krieges, des Bombenkriegs:

> „Noch während der Vorschau (...) begannen draußen die Luftschutzsirenen zu heulen. Das Saallicht ging an, flackerte, fiel aus. Licht von Taschenlampen. Die Zuschauer drängten aus den beiden Saaltüren, liefen in Richtung auf den großen Bunker an der *Reeperbahn*." (S. 20 f.)

Wenig später heißt es:

> „Plötzlich: ein fernes dumpfes Brummeln, ein erdtiefes Wühlen. Der Hafen, sagte Lena Brücker. Sie bombardieren den U-Boot-Bunker. Fern das Grummeln der explodierenden Bomben. Dann – nah – eine Detonation, ein Stoß, die Notbeleuchtung fiel aus, und noch ein Stoß, der Boden schwankte, das Haus, der Keller schaukelte wie ein Schiff. Die Kinder schrien (...)." (S. 23)

Bombenkrieg

Auch das Verhalten der Menschen bei Luftangriffen ist zum Ritual geworden. Sie laufen nahezu automatisch in die Luftschutzbunker, wo sie eine weitere ritualisierte Erfahrung machen:

> „Der Luftschutzwart leuchtete mit einer Taschenlampe die Stahltür ab. Der Lichtstrahl wanderte über die Leute, die eingehüllt in ihren Decken dasaßen, als seien sie eingeschneit. Und noch immer rieselten Kalk und Staub von der Decke." (S. 23)

In nahezu allen Großstädten hatte das NS-Regime Luftschutzbunker eingerichtet. Ihre Kontrolle oblag einem regiemetreuen Luftschutzwart, so wie ihn Lammers in der Novelle verkörpert.

Krieg beherrscht Denken und Sprache

Inwiefern der Krieg den Alltag, das Leben und die Gedanken der Menschen bestimmt, zeigt sich daran, dass er das beherrschende Thema in den Gesprächen der Menschen bildet. Auch Lena Brücker will am Anfang ihrer Bekanntschaft mit Bremer wissen, „auf welchen Einheiten er fahre. Sie fragte das mit dem richtigen Begriff. Das hatte man ja täglich gehört und gelesen: schwere Einheiten, die Schlachtschiffe, Panzerkreuzer, Schweren Kreuzer." (S. 20) Die Menschen haben sich das Vokabular des alles beherrschenden Krieges eingeprägt, zum Teil unfreiwillig. Doch den anfänglich heroischen Kriegsberichten Bremers begegnet Lena Brücker mit Desinteresse:

> „Sie wollte nichts hören von Ertrinkenden, Erfrierenden, Verstümmelten, sie wollte, dass er den Kaffee mahle, sie wollte nicht die Geschichte des Narvikschilds hören, sondern nur, wie er an dieses ganz unmilitärische, genaugenommen einzig sympathische Abzeichen gekommen sei." (S. 29)

Für Leben, gegen Krieg

Lena Brückers Ablehnung des Kriegs zeigt Wirkungen. Der Soldat Bremer wird nachdenklich: Er „starrte in die Dunkelheit und dachte daran, wie sie ihn in den letzten beiden Tagen in das Panzerfaustschießen eingewiesen hatten." (S. 37) Schließlich entschließt er sich zur Fahnenflucht (vgl. S. 39). Die Desertion hat eine klare Botschaft: Nicht jeder will den Krieg, nicht einmal die Menschen in Uniform. Es ist eine Entscheidung für das Leben und gegen den Krieg, für die „unehrenhafte" Flucht und gegen den „ehrenhaften" Soldatentod. Es handelt sich um einen stillen Aufruf zur Auflehnung gegen den Krieg – einen Krieg, der sich nicht mehr nur gegen den äußeren Feind, sondern auch gegen die sogenannten Defätisten richtet, also gegen Deutsche, die nur deshalb hingerichtet wurden, weil sie an die ideologisch verbrämte Endsieg-Lüge nicht (mehr) glauben wollten.

Die Entdeckung der Currywurst als Novelle über novellistisches Erzählen

Buch über das Erzählen

Im Werkstattgespräch mit Manfred Durzak charakterisiert Timm seine Novelle so: „Es ist ein Buch über das Erzählen, denn das Erzählen wird auch in der Novelle thematisiert, thematisiert sich in gewisser Weise auch selbst."[22] Diese Charakterisierung trifft zu.

22 Ebd., S. 347.

Der Ich-Erzähler der Novelle sucht die alte Lena Brücker auf, damit sie ihm die Geschichte von der Entdeckung der Currywurst erzählt. Und die von ihr erzählte Geschichte wird durch den Ich-Erzähler weitererzählt, und zwar in der Kunstform der Novelle. Damit stellt sich die Frage, wer denn der eigentliche Ich-Erzähler ist, da wir offensichtlich mit zwei Ich-Erzählerfiguren zu tun haben, die unterschiedlich erzählen und mitunter in Konkurrenz zueinander treten:

Eigentlich zwei Ich-Erzähler

> „Immer wieder will die Ich-Erzählerin ausufern, immer wieder kämpft der Ich-Erzähler dagegen an, fällt ihr ins Wort, versucht, sie wieder auf die Fährte zu bringen, während sie, die alte Frau, festhalten will, einfach, um sich die Tage in dem öden Altersheim zu verkürzen, etwas von dem Glück erzählt, um so gegen die Ödnis, in der sie lebt, anzukämpfen. Sie will Tausendundeine Nacht. Der Ich-Erzähler will nur eine kleine Neuigkeit wissen.“[23]

Komplexe ästhetische Erfahrung

Diese gegensätzlichen Interessen lässt die Novelle zu einer komplexen ästhetischen Erfahrung werden, welche die gewöhnliche Unterscheidung zwischen einer Rahmenerzählung, die der Ich-Erzähler vermittelt, und einer Binnenerzählung, die Lena Brücker zugeschrieben wird, nur aus formalanalytischen Gründen rechtfertigt. Der erzähltechnischen Komplexität des Textes wird sie indes nicht gerecht. Dies wird allein schon dadurch erkennbar, dass Binnenerzählung und Rahmenerzählung gelegentlich vermischt werden, sodass man nicht mehr genau unterscheiden kann, wer nun der Ich-Erzähler ist. Dies zeigt sich insbesondere, wenn Figurenrede und Ich-Erzählerbericht nahtlos ineinander übergehen (vgl. S. 182).

---

23 Ebd.

Dem liegt ein erzähltechnisches Prinzip zugrunde, das Tanja Bierau so beschreibt:

> „Während des Erzählens strickt sie [Lena Brücker] einen Pullover. Stricken und Erzählen sind die Lieblingsbeschäftigungen der alten Frau und hängen miteinander zusammen. Denn so, wie das Strickkunstwerk aus verschiedenen Fäden entsteht, so entsteht auch die geschilderte Begebenheit, das Erzählkunstwerk, aus unterschiedlichen Handlungssträngen."[24]

Stricken und Erzählen

Diese Kunst des Erzählens erweist sich nicht nur als selbstreferenzieller, sondern auch als komplexer Arbeitsprozess, denn:

> „Der Pullover und die Erzählung laufen parallel nebeneinander her. Aus verschiedenfarbigen Fäden entsteht ein gestricktes Landschaftsmotiv und die geschilderten Nebenhandlungen ergeben schließlich, indem sich alles ineinander fügt, die Geschichte einer alten Dame über ihre Komposition aus Kalbswurst und Currysoße."[25]

Unklare Erzählhoheit

Da der Ich-Erzähler prinzipiell auf die Informationen Lena Brückers angewiesen ist, aber diese Informationen anschließend erst durch seinen Filter an den Leser gelangen, gewinnt keine der beiden Instanzen die Erzählhoheit. Vielmehr wird ein arbeitsteiliges Verfahren deutlich: „Das alles erzählte sie stückchenweise, das Ende hinausschiebend, in kühnen Vor- und Rückgriffen, sodass ich hier auswählen, begradigen, verknüpfen und kürzen muss." (S. 16)

---

24 Bierau, S. 35.
25 Ebd.

Konkurrierende Erzähler

Diese Passage macht die unterschiedlichen Heran- und Vorgehensweisen der beiden Ich-Erzählerfiguren sichtbar. Das liegt daran, dass Frau Brücker und der Ich-Erzähler unterschiedliche Interessen verfolgen. Während Frau Brücker ihr Leben in epischer Breite erzählen will, hat sie doch im Altersheim – entgegen ihrer Behauptung – alle Zeit der Welt, möchte der Ich-Erzähler letztlich nur die entscheidende, ja unerhörte Begebenheit über die Currywurstentdeckung erfahren. Mit anderen Worten: Frau Brücker erzählt einen Roman, der Ich-Erzähler macht eine Novelle daraus. Diese Gegenüberstellung lässt erkennen, dass Timm auch mit den Gattungen spielt. Er will mit der Currywurstgeschichte keinen Roman, sondern eine Novelle schreiben. Auch deshalb erhebt sein Ich-Erzähler für seinen später verfassten Text über die mündliche Erzählung von Frau Brücker mit dem Initialsatz: „**Ich** lasse die Geschichte am 29. April 1945 beginnen“ (S. 16, Hervorhebung von mir; Y. M.) Anspruch auf die Mitautorschaft. Die narrative Ästhetik des Ich-Erzählers parallelisiert mit Lenas Brückers Umgang mit der von Hermann Bremer zurückgelassenen Uniform: Sie schneidert sie zu einem Kostüm um (vgl. S. 165 f.). Auch der Ich-Erzähler passt die mündlichen Darbietungen Frau Brückers mutatis mutandis der literarischen Form der Novelle an.

4. REZEPTIONSGESCHICHTE

ZUSAMMEN-FASSUNG

Timms 1993 erschienene Novelle *Die Entdeckung der Currywurst* wurde von Anfang ein überwiegend positives Echo zuteil. Gelobt wurde sowohl das Thema, d. h. die Einbettung einer faszinierenden Liebesgeschichte in den zeitgeschichtlichen Kontext des Zweiten Weltkrieges, als auch Timms raffinierte Erzählkunst. Die Novelle wurde mittlerweile auch in anderen Genres verarbeitet (Theater, Film, Comic). Im Anschluss an Timms Novelle hat sich jedoch auch ein skurril anmutender Streit zwischen den Städten Berlin und Hamburg über den „wahren" Entstehungsort der Currywurst entzündet.

Die Novelle im Spiegel der Rezensionen

Schnoddriger Humor

Unmittelbar nach ihrem Erscheinen im Herbst 1993 wird *Die Entdeckung der Currywurst* in zahlreichen Feuilletons besprochen.[26] Peter Jokostra schreibt in der *Rheinischen Post,* die Novelle sei „eine lebensnahe Chronik der letzten Kriegswochen und der Zeit unmittelbar danach." (30. 10. 1993) In der *Stuttgarter Zeitung* hebt Sven Siedenberg Timms „Erzähllust" hervor, denn „immer wieder macht sich ein schnoddriger Humor bemerkbar." Weiter heißt es: „Alles scheint erfunden, und das heißt: Nichts ist unmöglich. Schon gar nicht eine fiktive Geschichte über den Wahrheitsgehalt des Erfundenen." (3. 12. 1993) In der Besprechung der Novelle – zusammen mit den neu erschienenen Werken von Bernd Schröder und

26 Die folgenden Zitate aus Rezensionen werden zitiert nach: Schede, S. 99 f.

Michael Köhlmeier – in der *ZEIT* stellt Hajo Steinert jedoch kritisch fest, dass die

> „deutsche Nachkriegsliteratur immer wieder neu" entstehe, allerdings „selten so feierlich, heimelig und nostalgisch wie in diesem Jahr (...). Bisweilen erwecken Heinrich Bölls Erben (...) den Eindruck, als wären sie, erst in den vierziger Jahren geboren, von Anfang an dabei gewesen im Krieg. So allwissend erzählen sie, so genau kennen sie die Gefühle ihrer Figuren. Figuren? Helden sind sie allesamt."

Lena Brücker als Alibifigur?

Mit Blick auf die Figur der Lena Brücker konstatiert der Rezensent, der Leser werde „den Eindruck nicht los, dass sie nur eine historische Alibifigur abgibt, eine Manöverfigur, die suggerieren soll, dass nicht der Erzähler, das Spiegelbild des Autors, für den nostalgisch verklärenden Gestus des Textes zuständig ist, sondern sie." (*ZEIT*, 12. 11. 1993) Dagegen kommt Fritz Gesing in derselben Ausgabe der *ZEIT* zu dem Urteil:

Das Unerhörte im Gewand des scheinbar Banalen

> „Uwe Timm erzählt seine Novelle anschaulich und konkret, mit viel Sympathie für seine Figuren, ohne formale und sprachliche Manierismen. Ihm geht es um das Alltägliche in einer wenig alltäglichen Zeit und das ‚Unerhörte' im Gewand des (scheinbar) Banalen: privates Glück im kollektiven Unglück. Im Vordergrund steht neben der wehmütigen Liebesgeschichte, auch dies typisch für die Zeit um 1945, die Welt des (oralen) Genusses: das Organisieren von Lebensmitteln, Zubereiten und Kochen, schließlich das Abschmecken und Essen." (*ZEIT*, 12. 11. 1993)

Auch Joachim Campe ist voll des Lobes:

Timms bislang bestes Buch

> „Seine erste Novelle, *Die Entdeckung der Currywurst*, ist vielleicht das beste Buch, das er bisher geschrieben hat – konzentriert auf zwei Figuren, die in unerhörter Zeit für eine unerhörte Begebenheit sorgen. Die dann freilich nicht tragisch verpufft, sondern auf skurrile Weise zu einer Erfindung führt: der der Currywurst immerhin.“ (*Frankfurter Rundschau*, 23. 11. 1993)

Bis heute ein Bestseller

Auch bei den Lesern fand Timms Novelle ein überaus positives Echo. Folgerichtig brachte der Deutsche Taschenbuch Verlag (dtv) im Jahr 2000 eine Taschenbuchausgabe heraus, die im Jahr 2014 bereits in der 19. Auflage vorliegt. Für den anhaltenden Verkaufserfolg hat nicht zuletzt die Eignung als Schullektüre gesorgt.

Bühne, Film, Comic

Bühnenfassung

Am 26. September 1998 wurde die gleichnamige Bühnenfassung von Johannes Kaetzler und Gerhard Seidel am Freien Werkstatt Theater Köln uraufgeführt. Die Hauptrolle als Lena Brücker spielte Claudia Mischke.

Verfilmung

Mittlerweile wurde die Novelle auch verfilmt. Unter der Regie von Ulla Wagner kam der Stoff 2008 in die Kinos. Die Hauptrollen spielen Barbara Sukowa (als Lena Brücker) und Alexander Khuon (als Hermann Bremer). Im Film liegt der Fokus auf der Beziehung zwischen der Frau Mitte vierzig und einem zwanzig Jahre jüngeren Deserteur. Lügen und das Verschweigen der Wahrheit spielen eine wesentliche Rolle. Auch auf die Entdeckung der Currywurt wird eingegangen. Die Rahmenerzählung dagegen fehlt im Film ganz.

Comic

Isabel Kreitz legte 1996 im Hamburger Carlsen Verlag eine Comicfassung der Novelle vor, die auch eine Dokumentation von Frank Giese enthält.

Berlin oder Hamburg?

Uwe Timms Novelle entfesselte gleich nach ihrem Erscheinen einen bis heute andauernden, skurril anmutenden Streit zwischen Hamburg und Berlin. Dabei ging und geht es um Frage, wo die Currywurst nun tatsächlich erfunden wurde: in Hamburg oder in Berlin? Und *wer* hat sie erfunden, Herta Heuwer oder Lena Brücker? Eine medial wirksame Debatte nahm ihren Lauf. Hier zwei Lesermeinungen aus Hamburg:

Herta Heuwer oder Lena Brücker?

„Gehören Lügen in Hamburg zum guten Ton?
Die spinnen, die Berliner (…) Trotz erdrückender Beweise soll Gedenktafel aufgestellt werden / Currywurst-Club kündigt Proteste an – Denn sie wissen nicht, was sie tun: Morgen wollen die Berliner am Stuttgarter Platz im Bezirk Charlottenburg-Wilmersdorf die in der Hauptstadt mit Nachdruck betriebene Geschichtsklitterung amtlich machen. Am angeblichen Geburtshaus der Currysoße (früher Wurststube, heute Aldi-Markt) soll eine Gedenktafel enthüllt werden. Herta Heuwer habe an jenem Ort 1949 die heute weltweit bekannte Tunke erfunden (…)“ (*Hamburger Morgenpost*, 28. 6. 2003)

„Jetzt drehen sie völlig durch …
Berlin macht sich zum Narren (…) Gedenktafel zur angeblichen Erfindung des Snacks ist enthüllt – Himmel – haben die Berliner denn zu viele Currywürste gegessen? Anders scheint ihre Penetranz kaum erklärlich. Gestern machte sich die Hauptstadt zum Narren, enthüllte in Charlottenburg trotz aller Warnungen die Gedenktafel zur Erfindung des Kult-Snacks. Der Berliner Bär – nur mehr eine Witzfigur. Ein Buchautor, ein Klub, tausende Hamburger Wurstfans können nicht irren: Die Currywurst ist natürlich eine hanseatische Erfindung: Die Berliner haben es nicht kapiert.“ (*Hamburger Morgenpost*, 30. 6. 2003)

Gilt als wahre Erfinderin der Currywurst: die Berlinerin Herta Heuwer, 1966 © ullstein bild – von der Becke

Diese Debatte zeigt: So mancher Leser ignoriert ganz einfach den „wunderbaren Konjunktiv", der das poetologische Fundament von Timms Novelle bildet, und stellt die Fiktion über die Realität.

5. MATERIALIEN

Der Novelle *Die Entdeckung der Currywurst* liegt Timms Konzept eines realistischen Erzählens zugrunde, das der Autor in seinen Poetik-Vorlesungen im Winter 1992/93 an der Universität Paderborn vorstellte. Wie er dieses Konzept in der Novelle umgesetzt hat, erläutert er 1995 in einem Werkstattgespräch mit Manfred Durzak:

Ein Buch über Bedürfnisse, Wünsche und Träume

Verräterische Kreuzworträtsel

„**Timm:** Es ist, wie du schon sagst, ein Spross des *Kopfjägers*[27], und diese Verwandtschaft merkt man dem Buch auch an. Es ist ein Buch über das Erzählen, denn das Erzählen wird auch in dieser Novelle thematisiert, thematisiert sich in gewisser Weise auch selbst. Es ist ein Buch über Lüge und Wahrheit, das beim Erzählen, wir sprachen schon im Zusammenhang von *Kopfjäger* darüber, eine wichtige Rolle spielt. Es ist auch ein Buch über Bedürfnisse, wie Bedürfnisse entstehen und wie man sie weckt und befriedigt, ein Buch über Wünsche und Träume. Zugleich spiele ich mit einer bestimmten literarischen Form – der Novelle. Sie ist wie ein Kreuzworträtsel angelegt – und der Held, der Deserteur, der gerade kein Held ist, löst in seinem Versteck auch Kreuzworträtsel. Dessen Lösungsbuchstaben könnten ihm etwas über sein Schicksal verraten haben. Vielleicht hat er das auch verstanden und ist aufgestanden und aus seinem Versteck und vor dieser Frau geflohen. Ich weiß es nicht. Es ist eine Möglichkeit."[28]

---

27 *Kopfjäger* ist ein 1991 erschienener Roman von Uwe Timm.
28 *Ein Werkstattgespräch mit Uwe Timm.* In: Durzak/Steinecke, S. 347.

Kleine Neuigkeit und unerhörte Begebenheit

Der „wunderbare Konjunktiv"

„Timm: (...) Mich interessierte zunächst einmal das, was die Gattungsbezeichnung ursprünglich meinte, Novelle im Sinn von einer kleinen Neuigkeit. Also gerade das beiläufig Alltägliche. Die Currywurst ist ja etwas sehr Alltägliches, wie die gesamte Situation, in der sie gegessen wird. Der Stehimbiss. Aber die Entdeckung ist eine unerhörte Begebenheit gewesen. Und zwar im doppelten Sinn des Wortes als ‚unglaublich' wie auch als ‚noch nie gehört'. Das sind diese kleinen Alltäglichkeiten, Widerstände, Erfindungen, in denen sich eine neue Wirklichkeit herausbildet. Diese neue Wirklichkeit interessiert mich, wie sich das sprachlich ausbildet und dann in die Realität zurückwirkt. Das, was ich als wunderbaren Konjunktiv bezeichne. Eine Möglichkeit, die es in der Geschichte gegeben hat, die auch so hätte sein können. Eine Rückführung der Zeit. Ein Widerpart zur Wirklichkeit. Die Novelle erkämpft das durch formale Vorgaben, die Beliebigkeit des alltäglichen Geschehens und des alltäglichen Erzählens soll strukturiert und gebündelt, kunstvoll gradlinig auf den Punkt gebracht werden. Mit diesen Formen habe ich gespielt. Immer wieder will die Erzählerin ausufern, immer wieder kämpft der Erzähler dagegen an, fällt ihr ins Wort, versucht, sie wieder auf die Fährte zu bringen, während sie, die alte Frau, festhalten will, einfach, um sich die Tage in dem öden Altersheim zu verkürzen, etwas von dem Glück erzählt, um so gegen die Ödnis, in der sie lebt, anzukämpfen. Sie will Tausendundeine Nacht. Der Ich-Erzähler will nur eine kleine Neuigkeit wissen. Also auch er ist bei Kirke[29]."[30]

---

29 Zu Kirke vgl. S. 55 dieser Erläuterung.

30 *Ein Werkstattgespräch mit Uwe Timm.* In: Durzak/Steinecke, S. 348.

6. PRÜFUNGSAUFGABEN MIT MUSTERLÖSUNGEN

Unter www.konigserläuterungen.de/download finden Sie im Internet zwei weitere Aufgaben mit Musterlösungen.

Die Zahl der Sternchen bezeichnet das Anforderungsniveau der jeweiligen Aufgabe.

Aufgabe 1 *

Analysieren und interpretieren Sie die Bedeutung von Bremers Feldplane in der Novelle.

Mögliche Lösung in knapper Fassung:

ANALYSE

Die Feldplane wird an zwei exponierten Stellen der Novelle erwähnt: am Anfang der Bekanntschaft zwischen Hermann Bremer und Lena Brücker (vgl. S. 19) und gegen Ende der Novelle (vgl. S. 62 f.).

Das prägende Erlebnis, das den Anfang der Bekanntschaft zwischen Lena Brücker und Hermann Bremer markiert, ist der Bombenangriff während der Kinovorstellung (vgl. S. 23 f.). Nach der Entwarnung machen sich die beiden auf den Weg zur Wohnung von Lena Brücker, als es zu regnen anfängt. Die Feldplane kommt erstmals zum Einsatz: „Er zog die Plane vorsichtig über Lena Brückers Kopf und Schultern. Sie hob die Plane ein wenig, damit auch er darunterkam, den Arm um sie legte, und so gingen sie eng aneinandergeschmiegt durch den dichter fallenden Regen, ohne ein Wort zu sagen und wie selbstverständlich zu ihr, in die Brüderstraße." (S. 24) Die unter der Feldplane geschaffene körperliche Nähe bahnt einer ebenso intensiven wie paradoxen Liebesbeziehung den Weg.

Wieder an exponierter Stelle, nämlich beim Aufbau ihrer Imbissbude, die fortan den Lebensunterhalt Lena Brückers sichern wird, kommt die Feldplane erneut zum Einsatz: „Sie (…) hatte sich die Bude genau angesehen. Eine Bretterbude. Darüber eine alte Schiffspersenning gespannt, durch die es bei Regen durchleckte. Sie dachte an die von Bremer zurückgelassene Feldplane, die noch immer so, wie er sie zusammengefaltet hatte, in der Kammer lag. Die konnte sie über den Stand spannen. Steh ich im Trocknen." (S. 162 f.) So führt die Verwendung der Feldplane zurück zum Beginn ihrer Beziehung zu Hermann Bremer. Aber damit erschöpft sie noch nicht die Funktion der Plane im Text. Wie Hans-Georg Schede in seiner Interpretation der Novelle gezeigt hat, versinnbildlicht die Umfunktionierung eines militärischen Ausrüstungsgegenstandes zu friedlichen Zwecken zugleich die reale Möglichkeit der beiden Individuen, sich dem Zugriff der Nazis zu entziehen, sie zu unterlaufen.[31]

Aufgabe 2 **

Analysieren und interpretieren Sie das Verhältnis zwischen dem Luftschutz- und Blockwart Lammers und seinen Nachbarn (vgl. S. 61–69).

Mögliche Lösung in knapper Fassung:

ANALYSE

Als Luftschutz- und Blockwart erfüllt Lammers eine für das NS-Regime wichtige Aufgabe, die sich aber auch auf sein Verhältnis zu seinen Mitmenschen auswirkt. Er tritt in der Novelle als überzeugter, ja fanatischer Anhänger Adolf Hitlers auf: „Er war erst spät in die Partei eingetreten, dann aber gleich gründlich, ein Hundert-

31 Vgl. dazu Schede, S. 83.

fünzigprozentiger." (S. 66) Nach der Verhaftung des kommunistisch gesinnten Nachbarn Wehrs verdächtigen alle Lammers der Denunziation: „In der Straße sagten sie: Lammers wars." (S. 68) Dieser Verdacht verändert das Verhalten der Menschen ihm gegenüber grundlegend: „Lammers wurde nicht mehr oder nur noch flüchtig begrüßt. Betrat er ein Geschäft, verstummten die Gespräche, oder man unterhielt sich betont laut über diesen ewigen Regen, die Sonne oder den Wind." (S. 68) Lammers fällt also bei den Mitmenschen in Ungnade. Die Menschen meiden ihn, haben aber wohl auch Angst vor ihm. Lammers merkt diese Veränderung, er fühlt sich isoliert und versucht, die Menschen von seiner Unschuld am Schicksal Wehrs zu überzeugen: „Fast weinerlich betonte er, so was könne er gar nicht tun." (S. 68) Allerdings glauben ihm die Menschen nicht, sondern werden eher misstrauisch. Dazu trägt er auch durch seine offensichtlich verfänglichen Fragen selbst bei: „Finden Sie es richtig, dass die Synagogen angesteckt wurden? Würden Sie bei Juden kaufen? Einen Kommunisten verstecken?" (S. 68) Mit solchen Fragen erreicht Lammers aber nur, dass die Menschen ihn anlügen, da sie sich nicht trauen, in seiner Gegenwart ihre wahren Gefühle und Ansichten preiszugeben: „und so gaben sie Antworten, zögerliche Zustimmungen, gewundene, und man sah, wie die anderen logen, und hörte sich selbst lügen." (S. 69)

Mit den Siegen der deutschen Wahrmacht in den ersten Kriegsjahren steigt jedoch Lammers Ansehen; am sich verändernden Verhalten ihm gegenüber lässt sich eine wachsende Zustimmung der Bevölkerung zum NS-Regime und zum Krieg ablesen, die aber freilich nur so lange anhält, wie der Krieg für Deutschland günstig läuft: „So wurde Lammers wieder gegrüßt, erst langsam und knapp, dann, Polen war von der Wehrmacht überrannt worden, freundlich, Norwegen und Dänemark erobert, betont freundlich, und, als Frankreich kapitulierte, fast enthusiastisch." (S. 69) Weiter heißt es, dass man ihn „mit erhobenem Arm (grüßte), rief Heil Hitler, Herr Lammers, sogar über die Straße hinweg." (S. 69)

Die verschiedenen Formen und Grade der Begrüßung, die Lammers zuteil werden, sind jedoch immer auch Ausdruck der Angst vor den Konsequenzen einer distanzierten oder gar ablehnenden Haltung, denn: „Einige, die nicht grüßten, die zögerlich antworteten, wurden zur Gestapo vorgeladen (...)" (S. 69). Die einzige Figur, die im Haus gegen Lammers opponiert, ist Lena Brücker. Zwar muss auch sie sich seinen meist unangekündigten Kontrollbesuchen unterwerfen, aber sie lässt sich von ihm nicht endlos schikanieren: „(...) Lena Brücker, der man einen Schleswig-Holsteiner Dickkopf nachsagte, grüße immer: Guten Tag, Herr Lammers. Und jedesmal sagte Lammers: Heil Hitler ist der deutsche Gruß, Frau Brücker. Gut, Herr Lammers. Heil Hitler." (S. 69) Dass Lena Brücker den „deutschen Gruß" nicht ernst nimmt, zeigt zugleich ihre ablehnende Haltung zum NS-Regime.

Aufgabe 3 **

Interpretieren Sie die Veränderung in der Beziehung zwischen Lena Brücker und Hermann Bremer nach der Kapitulation Deutschlands.

Mögliche Lösung in knapper Fassung:

INTERPRETATION

Die Veränderung in der bis dahin harmonischen Beziehung zwischen Lena Brücker und Hermann Bremer tritt „(g)enau siebzehn Tage nach der Kapitulation" (S. 129) auf. Der Tag gestaltet sich zunächst besonders anstrengend für Lena Brücker: „Sie war fertig, neun Stunden Arbeit, halbe Stunde hin und halbe Stunde zurück zu Fuß" (S. 129). Und dann auch noch der Schreck beim Pförtner am Feierabend: „der neue Pförtner, ein wegen seiner Nazimitgliedschaft entlassener Kriminalkommissar", will ihre „Einkaufstasche sehen", in der sie „das Kochgeschirr mit der Steckrübensuppe" hat (S. 129). Nur weil der englische Captain, mit dem sich Lena Brücker inzwischen angefreundet hat, zufällig in diesem Augenblick die Behörde verlässt und sie grüßt, entkommt sie der Kontrolle. Als sie nach Hause kommt, bemerkt sie, dass sich Hermann Bremers Stimmung deutlich abgekühlt hat, er grüßt sie nicht einmal. Stattdessen fragt er sie gleich nach der Zeitung.

Bremers Reaktion erklärt sich aus der Tatsache heraus, dass der Deserteur zunehmend über seinen beschränkten Bewegungsraum frustriert ist. Er fühlt sich eingesperrt und abgeschnitten von der Welt. Hinzu kommt die Langeweile. Bis auf die überschaubaren Aufräumarbeiten, die er in der Wohnung verrichtet, während Lena Brücker auf der Arbeit ist, hat er nichts zu tun. Außerdem will er endlich wissen, was draußen los ist, und Lena Brücker „(...) solle ihm für einen Tag ein Radio besorgen. Nur für einen Tag, irgendwo ausleihen, von einer Freundin." (S. 129) Doch genau diesen Wunsch kann sie ihm nicht erfüllen, ohne sich zu verraten. Sie möchte noch nicht, dass Bremer die Wahrheit erfährt, und wenn, dann aus ihrem Mund und zu einem Zeitpunkt, den sie bestimmen will. Dies trägt aber letztlich nur zur Verschärfung der Situation bei: „Als sie sagte, das ginge nicht – was sollte sie auch sagen –, ranzte er sie an: sie wolle wohl nicht. Was heißt hier: wohl. Du willst nicht. Ich kann nicht. Doch du kannst! Du willst nur nicht! Nein! Doch! Warum nicht? Geht nicht! Willst nicht! Ich sitz hier. Ja, und? Ich glotze auf die Straße. Ich putze. Ich laufe auf Socken rum. Da schrie er schon." (S. 129 f.) Damit hat der zunächst mündlich ausgetragene Streit bereits eine bedenkliche Eskalationsstufe erreicht. Die Passage macht die gestörte Kommunikation zwischen den beiden sichtbar. Beide verfolgen nämlich egoistische Interessen. Jeder denkt an sich, an seine eigene Situation und wie ihm am besten geholfen wäre. Lena

Brücker hält die Wahrheit zurück, weil sie möchte, dass Bremer länger bei ihr bleibt. Bremer denkt vor allem teils an seine eigene ungewisse Zukunft (er glaubt immer noch, dass er als Deserteur um sein Leben fürchten muss), teils an die Deutschlands, hofft er doch immer noch auf einen glücklichen Kriegsausgang. Lena Brücker spielt dabei für ihn nur insofern eine Rolle, als sie ihm die Informationen beschaffen soll. Deshalb sagt er ihr ins Gesicht: „Verstehst du, es geht um mein Leben." (S. 130) Angesichts dieser Klarheit bleibt Lena Brücker keine andere Wahl als das resignierende „Ja, O.K. (...)" (ebd.), womit sie sich selbst letztlich auch die Aussichtslosigkeit ihrer Beziehung eingesteht.

Doch gerade in diesem kritischen Moment sagt Lena Brücker „genau das Falsche, sie sagte die Wahrheit. Sie sagte: Es ist gar nicht so schlimm, wie du denkst." (S. 130) An der Reaktion Bremers wird deutlich, dass Lena Brücker mit dem Versuch scheitert, ihren Fehler zu korrigieren: „Da begann er zu brüllen, und desto lauter, je öfter sie Pscht machte. Die Nachbarn. Scheißegal! Was?! Können mich mal." (S. 130) Bremer verliert zunehmend die Kontrolle und schlägt, „außer sich vor Wut (...) mit der Faust gegen die Türklinke und nochmals und nochmals, mit aller Wucht." (S. 130) Als Lena Brücker ihn zu beruhigen versucht, wird er ihr gegenüber handgreiflich, „so dass sie plötzlich dastanden und miteinander rangen, sie hielt ihn von hinten umklammert, er versuchte sich zu befreien, die Arme freizubekommen (...)" (S. 130 f.). An dieser Stelle wird der Gegensatz in der Beziehung zwischen Lena Brücker und Hermann Bremer plastisch dargestellt. Mit ihrer Strategie klammert sich Lena Brücker an Brücker, an den jungen Deserteur, der aber nichts anderes will, als die Einengung und das Eingesperrtsein in der Wohnung zu überwinden. Daran ändert auch die „Entschuldigung" (S. 131), die er am Ende des Streits murmelt, nichts. Erst jetzt versteht Lena Brücker, dass aus ihrem Spiel mit der Wahrheit

„Ernst geworden (ist), blutiger Ernst.“ (S. 131) Zwar folgt darauf eine Pseudoversöhnung, eine Atempause, aber ihre Beziehung hat Schaden genommen und ist nicht mehr das, was sie bisher gewesen ist.

Aufgabe 4 ***

Stellen Sie die Formen von Widerstand gegen den Nationalsozialismus in Timms Novelle dar. Belegen Sie Ihre Ausführungen mit Textzitaten.

Mögliche Lösung in knapper Fassung:

ANALYSE

Durch die Erzählung Lena Brückers erfährt der Leser über eine besondere Form des Widerstands gegen das NS-Regime: die Sabotage, in diesem Fall die „Küchensabotage“ (S. 56). Die Hauptpersonen, die diesen Widerstand leisten, sind der Koch Holzinger und seine Kollegin Lena Brücker.

Holzingers Widerstand gegen das Regime besteht darin, als Kantinenkoch das Essen zu sabotieren, das für die NS-Funktionäre bestimmt ist. Das zeigt sich bereits, als er die „Rundfunkkantine des Reichssenders“ (S. 52) übernimmt: „Wenige Monate später litten mehrere Rundfunksprecher und Redakteure unter Brechdurchfall, auffälligerweise immer dann, wenn es galt, militärische Siege zu melden. Der Sieg über Frankreich wurde gefeiert, (...) aber der Kommentator des Reichssenders in Königsberg kniete in der Toilette und kotzte.“ (S. 52)

Holzinger versucht also durch seine Vorgehensweise genau jenes zentrale Element auszuschalten, das für die NS-Propaganda zuständig ist: den Reichssender. Seine Küchensabotage zeigt Wirkung. Doch weil die Redaktion bei der Verkündung von Kriegssiegen auffallend häufig unter Brechdurchfall leidet, gerät er ins Visier der Gestapo: „Holzinger wurde, nachdem die Besteigung des Elbrus durch siegreiche deutsche Gebirgsjäger gemeldet werden sollte, der zuständige Radiosprecher sich aber unter Magenkrämpfen auf dem Redaktionssofa wand, zur Gestapodienststelle befohlen." (S. 53) Allerdings kann man ihm nichts nachweisen, im Gegenteil, er hat ein überzeugendes Alibi: „Er verwies auf die ihm gelieferten Lebensmittel. Salat könne er schließlich nicht keimfrei kochen, auch nicht die Buttermilch. Zudem das Wasser." (ebd.) Und tatsächlich erreicht Holzinger mit seiner Lüge sein Ziel: „Das überzeugte den Gestapobeamten." (ebd.)

Die Entschlossenheit und Kaltblütigkeit Holzingers zeigt sich daran, dass er auch nach seiner Versetzung in die Kantine der Lebensmittelbehörde nach Hamburg seine Küchensabotage fortsetzt, zumal er dort in Lena Brücker eine Mitwisserin und Unterstützerin findet. So gelingt es ihm, die vom Gauredner Grün angekündigte Rede in einer benachbarten Batteriefabrik zu verhindern. Kurz zuvor gibt Holzinger seiner Kollegin Brücker folgenden Hinweis: „Nimm heute auf keinen Fall etwas von der Terrine vom Vorstandstisch (...), ich möchte den Kollegen von der Batteriefabrik eine Rede ersparen." (S. 56) Er sollte Recht behalten. Kurz nach dem Essen können weder der Gauredner Grün noch der Betriebsleiter Dr. Fröhlich eine weitere Rede halten: „Gauredner Grün sprang unvermittelt auf und stürzte, die Hand vor dem Mund, hinaus. Dr. Fröhlich hastete würgend hinterher." (S. 57)

Holzinger verdankt seine erfolgreiche Vorgehensweise der Tatsache, dass er von Lena Brücker unterstützt wird. Beide arbeiten nicht nur in der Kantine, sondern auch in ihrem Widerstand gegen das NS-Regime eng und vertrauensvoll zusammen. Beide tauschen sich über ihre Gespräche bei der Gestapo aus, obwohl sie sich jedes Mal verpflichten, „über die Vernehmung zu schweigen." (S. 53) Lena weiß um die Umtriebe ihres Kollegen. Sie unterstützt ihn, indem sie zu ihm hält und ihn nicht verrät. Als sie von der Gestapo vorgeladen und über Holzinger befragt wird, sagt sie die Unwahrheit, um ihren Kollegen zu schützen: „Ein Gestapobeamter (...) befragte sie, ob ihr etwas an Holzinger aufgefallen sei, ob er sich abfällig über die Partei geäußert habe, über den Führer? Nein, nichts dergleichen. Ob das Essen schmecke? Er ist ein Zauberer, hatte Lena Brücker gesagt, er macht aus fast nichts etwas und etwas Ausgezeichnetes aus etwas." (S. 53) Nicht nur sagt Lena Brücker hier teilweise die Unwahrheit, auffällig ist auch, dass sie den Gestapobeamten sprachlich zu verwirren versucht. Und das zeigt die erwünschte Wirkung: „Der Beamte (...) nagte gedankenverloren an seiner Unterlippe. Sie solle Bescheid sagen, wenn Holzinger defätistische Äußerungen mache." (S. 54) Und genau das tut Lena Brücker nicht. Im Gegenteil: Sie informiert ihren Kollegen über ihre Befragung durch die Gestapo. Den Tod Hitlers feiern der Chefkoch Holzinger und Lena Brücker auf eine besondere Art, die ihre kritische Haltung zum Regime unterstreicht: „Holzinger hatte, gleich nach der Nachricht von Hitlers Tod, für den 2. Mai Erbsensuppe angesagt, das Lieblingsessen des Führers: die Posaunen von Jericho, ha, ha. Lena Brücker hatte am Tag zuvor erfahren, dass ein Proviantlager der SS bei Ochsenzoll aufgelöst wurde, und zwanzig Kilo Trockenerbsen sowie eine Speckseite organisiert." (S. 87)

Eine weitere Facette von Lena Brückers Widerstand gegen den Nationalsozialismus zeigt sich darin, dass sie den jungen Soldaten Hermann Bremer in subtiler Weise zur Fahnenflucht anstiftet: „Komm, sagte sie, als er zurückkam, und streckte ihm die Hand entgegen. Bremer zog sich Hose, Hemd und Unterhemd aus, ergriff die hingestreckte Hand und stieg in das schaukelnde Bett. So wurde er, Hermann Bremer, ein Bootsmann, fahnenflüchtig." (S. 39) Sie beweist durch die Tatsache, dass sie einen Deserteur versteckt, Mut, Risikobereitschaft und Entschlossenheit.

Aber auch das resolute Auftreten, dass Lena Brücker gegenüber dem Luftschutz- und Blockwart Lammers an den Tag legt, drückt eine besondere Form ihres Widerstands aus: „Raus, sagte Lena Brücker, sofort raus, aber dalli. Sie warf die Wohnungstür hinter ihm zu, traf noch die Hacke seines orthopädischen Stiefels." (S. 65) Lena Brücker, „der man einen Schleswig-Holsteiner Dickkopf nachsagte" (S. 69), bietet Lammers und mit ihm dem NS-Regime die Stirn. Das zeigt sich auch, wenn sie den sogenannten „deutschen Gruß" wie folgt ironisiert: „Guten Tag, Herr Lammers. Und jedesmal sagte Lammers: Heil Hitler ist der deutsche Gruß, Frau Brücker. Gut, Herr Lammers, Heil Hitler." (S. 69) Indem Lammers sich auf dieses Spiel einlässt, indem er Frau Brücker „jedesmal" den deutschen Gruß wiederholt, ohne jedoch eine Veränderung bei ihr zu bewirken, macht er sich selbst lächerlich. Und genau das will Lena Brücker erreichen. Sie zeigt dadurch, dass sie sich nicht vereinnahmen lässt. Auch deshalb verrät sie ihren Kollegen Holzinger nicht, sondern solidarisiert sich mit ihm. Sie ist sich der Möglichkeiten auch einfacher Leute, in einer Diktatur Widerstand zu leisten, durchaus bewusst. So formuliert sie auch so etwas wie die Botschaft des Romans: „Is ja das Kleine, was die Großen stolpern lässt. Nur müssen wir viele sein, damit die auch fallen" (S. 102)

Nach der Kapitulation hat Holzinger keinen Grund mehr, das Essen zu manipulieren, im Gegenteil. Die Engländer sind von seinem kulinarischen Talent rasch überzeugt: „Holzinger blieb leitender Koch der Kantine. Er wurde, nachdem die Engländer seine für sie zubereitete Gulaschsuppe gegessen hatten, nicht einmal mehr gefragt, ob er in der Partei gewesen sei." (S. 115 f.) Lena Brücker verliert zwar ihre Arbeit bei der Lebensmittelbehörde, aber es gelingt ihr durch die unverhoffte Entdeckung der Currywurst, eine zweite Karriere zu starten.

Zusammenfassend lässt sich sagen, dass es Lena Brücker und Holzinger schaffen, trotz der Gefahr und der NS-Schikanen im Kleinen wirkungsvoll Widerstand gegen den Nationalsozialismus zu leisten. Dies gelingt ihnen aufgrund ihrer klugen und diskreten Vorgehensweise, aber auch aufgrund ihrer vertrauensvollen Zusammenarbeit.

LITERATUR

Zitierte Ausgabe:

Timm, Uwe: *Die Entdeckung der Currywurst.* Novelle. Vom Autor neu durchgesehene Ausgabe 2000. München: dtv, 19. Aufl. 2014.

Weitere Primärliteratur:

Timm, Uwe: *Erzählen und kein Ende. Versuche zu einer Ästhetik des Alltags.* Köln: Kiepenheuer & Witsch, 1993.

Timm, Uwe: *Kopfjäger. Bericht aus dem Inneren des Landes.* Roman. Köln: Kiepenheuer & Witsch, 1991.

Zur Biografie Uwe Timms:

Hielscher, Martin: *Uwe Tim.* München: dtv, 2007 (Reihe dtv portrait).

Sekundärliteratur:

Bierau, Tanja: *Uwe Timms Currywurst. Analyse und Interpretation für Schule und Studium.* Hamburg: Diplomica Verlag, 2012.

Durzak, Manfred; Steinecke, Hartmut (Hrsg.): *Die Archäologie der Wünsche. Studien zum Werk von Uwe Timm.* Köln: Kiepenheuer & Witsch,1995.

Kestin, Hanjo/Ruckaberle, Axel: *Uwe Timm.* In: Hermann Korte (Hrsg.): Kritisches Lexikon zur deutschsprachigen Gegenwartsliteratur (KLG). München: edition text + kritik, Stand: 15. 8. 2013. → Online-Recherche für registrierte Benutzer unter: http://nachschlage.net/search/start.jsp.

Kreitz, Isabel: *Die Entdeckung der Currywurst.* Nach einem Roman von Uwe Timm. Mit einer Dokumentation von Frank Giese. Hamburg: Carlsen,1996.

Schede, Hans-Georg: *Die Entdeckung der Currywurst.* Freising: Stark, 2012 (Reihe Interpretationen Deutsch).

Sonstige Literatur:

Burdorf, Dieter u.a. (Hrsg.): *Metzler Lexikon Literatur. Begriffe und Definitionen.* Stuttgart: Metzler, 2007.

Gilbert, Martin: *Der Zweite Weltkrieg. Eine chronologische Gesamtdarstellung.* München: List, 1991.

Goethe, Johann Wolfgang von: *Sämtliche Werke. Briefe, Tagebücher und Gespräche.* Hrsg. v. Dieter Borchmeyer u. a. 40 Bände. Frankfurt am Main: Deutscher Klassiker Verlag, 1985 ff.

Kleßmann, Eckhart: *Geschichte der Stadt Hamburg.* Hamburg: Hofmann & Campe, 6. Aufl. 1988.

Meier, Albert: *Novelle. Eine Einführung.* Berlin: Erich Schmidt Verlag, 2014.

STICHWORTVERZEICHNIS